ÉTUDES DE PHILOSOPHIE NATURELLE

Nº 1.

SYSTÈME

DES

TROIS RÈGNES DE LA NATURE

PAR

J.-ÉMILE FILACHOU

DOCTEUR ÈS-LETTRES

Die sogenannten natürlichen Systeme machen zwar darauf Anspruch, nicht bloss subjective Uebersichten zu geben, sondern einen objectiven Zusammenhang der Naturkörper darzustellen; aber, wie uns dünkt, ohne Berechtigung, so lange nicht nachgewiesen wird, dass dieser äusseren Aneinanderreihung ein causaler Zusammenhang zum Grunde liegt.

Prof^r DROBISCH.

PARIS
DURAND, LIBRAIRE
rue des Grès, 7.

MONTPELLIER
F. SEGUIN, LIBRAIRE
rue Argenterie, 25

1864

———

N° 1.

SYSTÈME

DES TROIS RÈGNES DE LA NATURE

MONTPELLIER, TYPOGRAPHIE DE BOEHM ET FILS.

N° 1.

SYSTÈME

DES

TROIS RÈGNES DE LA NATURE

PAR

J.-ÉMILE FILACHOU

DOCTEUR ÈS-LETTRES

Die sogenannten natürlichen Systeme machen zwar darauf Anspruch, nicht bloss subjective Uebersichten zu geben, sondern einen objectiven Zusammenhang der Naturkörper darzustellen; aber, wie uns dünkt, ohne Berechtigung, so lange nicht nachgewiesen wird, dass dieser äusseren Aneinanderreihung ein causaler Zusammenhang zum Grunde liegt.

Profʳ DROBISCH.

PARIS	MONTPELLIER
DURAND, LIBRAIRE	F. SEGUIN, LIBRAIRE
rue des Grès, 7.	rue Argenterie, 25

1864

AVANT-PROPOS

—◆◆◆—

L'objet de cet écrit est de donner une explication philosophique des trois règnes de la nature, à la triple condition de faire marcher constamment ensemble la métaphysique et l'expérience, de traduire toujours en dernière analyse les raisonnements en formules mathématiques éminemment simples ou générales, et enfin de ne contredire jamais en rien les vérités religieuses ou morales dont la reconnaissance, quoique non absolument indépendante de celles de l'ordre naturel, est immédiatement plus parfaite. Ce plan évidemment large et digne du sujet nous donne, ce nous semble, le droit d'attendre un bon accueil du public.

Cependant, ce n'est pas sans quelque appréhension que nous publions ce nouvel écrit. Ceux qui ont lu notre *Traité des actes* savent que nous avons presque promis de donner, après lui, le *Traité des formes*. Ce dernier travail est prêt ; mais, bien qu'à la fin nous y prenions en quelque sorte pied à terre en abordant les questions de fait, la plupart des considérations au moyen desquelles nous préparons ou ménageons nos conclusions, en sont encore trop abstraites, pour que nous ne craignions point de parler en vain pour une foule de gens, et de fatiguer même ceux qui, sans mépriser les abstractions, ne sont pas hommes à s'en contenter. Voulant alors plaire à ces derniers, nous avons cru bien faire que de publier, non un simple Traité des formes, mais un Traité de formes appliquées dans les trois règnes de la nature physique. Ainsi, nous ne donnons pas moins, mais plus que nous n'avons promis.

Nous n'avons guère le droit de revenir ici sur notre *Traité des actes*. Si l'on veut bien nous le permettre, nous y reviendrons néanmoins dans l'intérêt de nos lecteurs qui pourraient n'en avoir pas compris l'importance, en leur faisant observer qu'il a pour principal objet d'expliquer (chose qu'on n'a jamais essayée jusqu'à ce jour) l'existence des trois dimensions de l'étendue. Cette question est beaucoup plus grave et plus fondamentale qu'on ne le pense, et la manière dont nous la traitons est assez radicale pour répandre une vive lumière sur le champ des débats des matérialistes, des spiritualistes et des vitalistes, dont la plupart, il faut le dire, parlent sans savoir ce qu'il s'agit de combattre ou de soutenir.

On peut être étonné que nous ne donnions point ici de calculs à la suite ou à l'appui de nos raisonnements. La raison pour laquelle nous n'en donnons point, est manifeste. En supposant, par exemple, que toute proposition soit une équation, est-il possible d'établir cette vérité par un calcul ? Nullement.

On l'établit par une vue de l'esprit qui discerne là, sans calcul et même sans désignation de matière, la forme imaginaire ou symbolique de tous les calculs possibles ayant l'égalité pour base. Ainsi nous faisons actuellement nous-même, dans tous nos raisonnements ; ils ont bien le calcul pour fin, mais le point de départ en est la raison seule. La science de nos grands mathématiciens nous paraît beaucoup pécher sous ce rapport, parce que, tout habiles analystes qu'ils sont, ils le sont seulement assez pour donner des formules complètes, et non pour en donner dont les éléments ou les quantités indépendantes. se réunissent progressivement les unes aux autres, en raison de leur importance ou de leur intervention rationnelle. Une formule complète peut contenir à la fois des quantités absolues et des quantités relatives, ou bien exprimer simultanément des rapports fondamentaux et des rapports accessoires. Si l'on savait alors bien séparer l'absolu du relatif ou le fondamental de l'accessoire, toutes les formules primitives qui ne renfermeraient que du fondamental et de l'absolu seraient éminemment intelligibles,

et l'étude des plus hautes mathématiques serait alors
la plus attrayante de toutes les études. Au lieu de cela,
que trouve-t-on dans les écrits de mathématiques
pures ou appliquées? On y trouve des formules très-
savantes sans doute, mais si compliquées que, à
force d'indéterminées préalables, surchargeant les
problèmes les plus simples à l'origine, on ne sait
vraiment plus où l'on en est, et l'on perd courage
dès le premier instant. Cet effet général atteste suffisamment le défaut radical de la méthode.

Que, du reste, on approuve ou n'approuve pas
nos idées, nous n'y persévérons pas moins, et, comme
on le verra par cet écrit, nous ne craignons pas de
les vérifier là même où tous les efforts de la science
humaine ont échoué jusqu'à ce jour. Il n'y a donc
pas, chez nous, pur entêtement ou vanité d'auteur,
mais conviction profonde. Aussi, malgré le peu
d'adhésions que nous obtenons, et dans la persuasion
où nous sommes que tout le monde n'est pas ou ne
restera pas aveugle, nous espérons que tôt ou tard
on saura nous comprendre et nous rendre justice.

1.

SYSTÈME

DES

TROIS RÈGNES DE LA NATURE

INTRODUCTION.

1. Les trois règnes de la nature, ou les règnes *minéral*, *végétal* et *animal*, ne sont pas seulement l'objet de nos préoccupations habituelles d'êtres accessibles aux affections du dehors par nos besoins, nos goûts ou nos tendances; ils sont encore l'objet principal des curieuses investigations du savant ou du philosophe qui cherche à reconnaître, dans ces trois grandes divisions des phénomènes physiques, les mêmes principes d'exercice ou d'activité que la religion révélée nous

représente ailleurs sous d'autres formes ; et, pour celui qui se livre alors à cette étude, il ne s'agit pas seulement de savoir au net ce qui *différencie* sans exception ces trois différents règnes, il s'agit encore de bien saisir la raison de la *transition* de chacun de ces règnes au suivant. Or il paraît que cette double détermination souffre de grandes difficultés ; et, si nous nous fions aux renseignements que nous avons pu recueillir, on a perdu l'espoir d'en venir jamais à bout. Tel n'est pas notre avis ; et, toute présomption mise à part, il nous semble possible d'arriver à déterminer, soit la *formule* qui convient à chaque règne, soit la *force* qui les institue l'un après l'autre dans l'espace ou le temps.

Le motif de cette confiance réfléchie, le voici : nous le trouvons dans cette vérité que, au lieu que toutes les sciences *spéciales* manquent par elles-mêmes d'un moyen sûr et *fini* de se compléter et parfaire, la philosophie bien comprise ou bien faite est, au contraire, une science générale munie d'un petit nombre de principes évidents ou lumineux par eux-mêmes, dont les conséquences, il est vrai, peuvent s'étendre à l'infini, mais dont les premiers éléments au moins sont, en raison de leur petit nombre, éminemment faciles à manier ou mettre en œuvre.

2. Une seule proposition suffit à renfermer le petit nombre de principes dont se compose la philosophie première ; il faut seulement observer que cette proposition s'énonce différemment, suivant le point de vue où l'on se place. En morale ou religion, on exprime à la fois le fondement de toute vérité, en disant qu'*il y a un* DIEU *et trois* PERSONNES *en Dieu.* En métaphysique, ce langage change, et cette fois l'on exprime tout en quelques mots, en disant qu'*il existe un seul* ACTE *absolu radical et trois* PUISSANCES *relatives immanentes en lui.* Mais le langage change encore en physique, et pour rendre ici la même chose en termes convenables, on suppose où superpose à tout *un* GENRE *et trois* INDIVIDUALITÉS *absolues.* Chacune de ces trois propositions,

identiques de fond mais non de forme, contient
deux termes *extrêmes* opposés, qui sont, *respectivement*, ceux de *Dieu* et de *personne*, d'*acte* et
de *puissance*, de *genre* et d'*individualité*. Pour
peu qu'on réfléchisse alors sur chacune d'elles, on
voit comment il est aisé de les compléter en expri-
mant le terme *moyen* que chacune implique, et
qui est : pour la première, l'idée de *nature ;*
pour la deuxième, l'idée de *tendance*, et pour la
troisième, l'idée d'*espèce*. A-t-on, en effet, une
fois appris à se représenter *Dieu* comme une *nature* essentiellement *personnelle*, à saisir également l'enchaînement des trois concepts d'*acte,*
de *tendance* et de *puissance*, ainsi qu'à suivre
la filiation des trois idées de *genre*, d'*espèce* et
d'*individualité*, l'on ne peut plus douter qu'on
n'ait à sa disposition toutes les conditions réunies
d'exercice dans l'un ou l'autre champ des trois
vies sensible, intellectuelle et morale.

5. Mais pourquoi, dans chacune de nos trois
propositions générales, avons-nous d'abord con-

stamment négligé l'idée moyenne ? Nous allons ici tâcher de nous expliquer sur ce point important avec toute la précision et la clarté possibles.

Bien qu'il n'entre point actuellement dans notre plan d'insister sur le côté moral et religieux de la nature en général, et que nous devions, par la même raison, éviter d'en étudier le côté sensible ou concret, pour nous en tenir au côté métaphysique ou formel, on conçoit qu'il ne nous soit pas possible de passer tout à fait sous silence les premiers côtés ; car le seul moyen de se bien expliquer ou représenter le jeu des forces *imaginaires* est précisément de se les figurer d'abord *réelles*. Ainsi, supposé qu'il s'agisse de n'importe quelles forces actives imaginairement appliquées à s'entre-détruire ou contrebalancer *l'une l'autre*, il ne répugne aucunement, pour peu que le besoin de clarté le demande, de concevoir les mêmes forces accompagnées, dans leur exercice, de pensées réfléchies ou de déterminations spontanées et même volontaires, absolument comme s'il s'agissait de relations actuelles entre êtres sensibles ou moraux. Mais, alors, il ne faut jamais oublier que ces mobiles ou ces ressorts présupposés accompagner ou suivre l'exercice des forces, parce qu'ils ne sont pas censés leur appartenir, subsistent hors d'elles pour ainsi dire en l'air, et constituent par conséquent une sorte de région imaginaire pour les êtres ou les forces absolues dont le seul exercice extérieur est pour nous un objet de représentation actuelle et distincte. Par suite, au lieu d'avoir désormais trois forces en présence, nous n'en avons plus, en raison de l'imaginarité de la troisième, que deux. Et celle qui joue *radicalement* dans ce cas un rôle *imaginaire* est, ainsi que nous l'expliquerons tout à l'heure, l'Esprit. Les deux autres, qui jouent un rôle *actuel* plus ou moins prononcé, sont l'Intellect et le Sens.

Pour signaler ici tout d'un coup les points sur lesquels doit porter principalement l'attention, nous dirons que, en un acte absolu quelconque, on peut distinguer trois *sujets* actuels, savoir : un *premier* sujet qui *fait* l'action, un *deuxième* sujet qui la *fait faire*, et un *troisième* sujet qui,

s'il ne lui plaît pas de l'empêcher, la *laisse faire*.
Qu'il s'agisse, par exemple, d'un homicide vo-
lontaire : cet homicide a manifestement son sujet
immédiat qui l'exécute ; mais il peut avoir encore
son sujet médiat qui l'ordonne ou le conseille ;
et, si par hasard la victime est sous la garde d'une
troisième personne en état d'empêcher ou de permettre le meurtre, cette troisième personne est
un sujet réel éloigné non moins responsable que
les précédents, bien que, se contentant de le permettre, elle demeure complètement inactive ou
passive ; car *imaginairement* elle est cause de
l'action, comme le sont *réellement* les deux autres. Toutefois, parce que ce dernier sujet n'a
point d'influence réelle sur l'acte, il est clair qu'on
en peut faire, sans inconvénient, abstraction ; et
pour lors il ne reste que les deux autres sujets,
dont l'un influe directement sur l'acte ou l'exécute, et dont l'autre le détermine ou l'amène
indirectement à devenir. Il n'y a donc plus, à un
certain point de vue qui est celui de l'absolue
réalité, que deux sujets, qui sont le *direct* et

l'*indirect*, l'un et l'autre *naturels;* et c'est pour cela que, dans les propositions générales du § 2, on est libre de sous-entendre un des trois termes essentiels de toute relation, et d'en réduire les termes efficaces aux deux qui *font* le changement ou le *font faire*, et qui tiennent ainsi radicalement lieu, l'un de *fond*, l'autre de *forme*.

4. Les deux termes qui restent après l'élimination du troisième (ou le *faisant* et le *faisant faire*) étant entre eux comme *fond* et *forme*, et pouvant être, à ce titre, regardés l'un comme *principe*, et l'autre comme *fin*, il s'agit maintenant de déterminer ce qu'ils ont entre eux, d'incommunicable d'une part, et d'échangeable de l'autre.

Pour trouver d'abord en chacun d'eux quelque chose d'incommunicable à l'autre, il faut les considérer dans leur état originaire respectif infiniment pur, état dans lequel le premier est tout *acte* sans la moindre trace de puissance par rapport au second, et le second tout *puissance* sans la moindre trace d'acte par rapport au premier ; auquel cas la puissance *physique*, immédiate et parfaite, est l'apanage du premier, et la puissance *intellectuelle*, médiate et cependant parfaite encore en son genre, l'apanage du second. Alors, faut-il agir, le *premier* seul est en état de le faire, mais il se suffit aussi parfaitement à lui-même, et tout ce qui se fait est, comme acte, son ouvrage exclusif. Au contraire, faut-il employer l'œuvre du *premier* dans une direction ou vers une fin quelconque, le *second* seul est capable de le mettre ou maintenir dans cette direction ou de l'appliquer à cette fin, et, s'il le fait, il se doit à lui seul cet empire idéal. Sous ce rapport, le caractère individuel intrinsèque du premier est la *force*, et le caractère individuel intrinsèque du second est la *raison*.

Maintenant, dans la contingence ou au dehors, est-il impossible à l'être essentiellement *actuel*, par son fond à lui, d'exercer une certaine influence de simple *puissance* ou d'apparaître *puissant* ? Et, de même, est-il impossible, dans le même cas, à l'être essentiellement *puissant* par son fond à lui, d'exercer une certaine influence d'*acte* pur ou d'apparaître *actuel* ? Nullement; car, par exemple, la *force* se fait craindre ou devient principe d'intimidation, chose tout intellectuelle; et inversement, l'extension ou l'étendue d'exercice qui convient de prime-abord à la *raison* se fait aimer et désirer ou provoque naturellement l'appétition, chose toute sensible. L'*acte* radical est donc naturellement entouré comme d'une auréole de *puissance*, et la *puissance* radicale est de même naturellement entourée comme d'une auréole d'*acte;* et par suite, dans la contingence ou au dehors, il existe entre les deux termes extrêmes en présence une communication de caractères ou d'attributs qui les double en quelque sorte, sans les diviser pour cela réellement.

Ainsi ce qui, par le genre ou le fond, est *acte*, peut être, pour l'espèce ou la forme, *puissance;* et ce qui, par le genre ou le fond, est *puissance*, peut être, par l'espèce ou la forme, *acte*. Toutefois, quoique ce qui s'ajoute alors au fond des deux côtés soit vraiment, à son égard, contingent, on ne peut le réputer pour cela passager, une fois acquis ; car tout ce qui s'ajoute au fond pour le déterminer en espèce ou qualité, ne s'en sépare plus régulièrement et l'affecte par conséquent d'une manière fixe ou non éphémère. Ou le premier fond et la première forme ne se déterminent donc point relativement, ou, s'ils se déterminent, ils le font sérieusement et pour long-temps ou pour toujours ; et quand ils se sont une fois ainsi mutuellement déterminés, il est loisible à la *troisième* puissance, respectivement imaginaire, de profiter de leur entrelacement pour les faire servir à ses fins plus élevées, et de se donner médiatement en eux une représentation non moins radicale par le fond qu'éminemment superficielle et variable par la forme.

Quand le *premier* fond et la *première* forme se sont une fois déterminés et comme entrelacés l'un avec l'autre en se modifiant, ils n'ont pas cessé pour cela d'être radicalement distincts ; et, pour les définir tels qu'ils sont dans leur nouvel état qui les rend ressemblants , nous dirons qu'ils ont même *nature apparente*. Il est vrai que, pour l'être essentiellement *actuel*, la puissance n'est qu'un rôle accessoire dans son immanence même, et qu'*à pari*, pour l'être essentiellement puissant, l'acte est un rôle accessoire encore. Mais, au moment où l'on s'abstient de considérer la manière dont ils se sont formés, pour les envisager simplement tels qu'ils sont devenus et qu'ils apparaissent au dehors, l'effet produit par chacun d'eux sous le regard immédiat de l'esprit est le même, et l'on ne peut pas plus les distinguer sous ce rapport qu'on ne distinguerait l'un de l'autre deux êtres hermaphrodites absolument semblables. Alors tout est donc, pour le sens, parfaitement ressemblant des deux côtés, et ce n'est guère que par la raison qu'on peut arriver à découvrir, én chacun des deux êtres composés , quel est celui chez lequel l'*acte* a la priorité sur la *puissance*, ou *vice versâ*. Du reste, tout comme, chez les deux êtres composés, l'*acte* et la *puissance* peuvent être en tel équilibre apparent qu'il soit impossible au sens d'en démêler le vrai fond ou le premier caractère natif, il est possible encore que l'apparence et la réalité soient en désaccord complet, ou bien que l'être réellement plus *actuel* apparaisse simplement plus puissant, et inversement que l'être réellement plus *puissant* apparaisse simplement plus *actuel*; car qu'est-ce qu'il n'est point au pouvoir des accidents ou du hasard de produire en fait de phénomènes extraordinaires ou contradictoires? Tandis que la raison découvre alors un certain ordre de fonctions, il est possible au sens de croire en apercevoir ou d'en apercevoir un autre; et, de cette manière, il y a, cette fois, pleine opposition entre la raison et le sens contingents.

Ce que nous venons de dire concerne les rôles réels extérieurs des deux termes extrêmes; essayons maintenant de les analyser en eux-mêmes et d'en dire le rôle propre et fondamental, antérieur à tout.

Considéré le premier sous cet aspect, celui des deux extrêmes que nous avons qualifié de *pre-*

mier sujet ou de principe, et dont l'essence est simplement de *faire*, implique notoirement un sujet et un objet corrélatifs (car sans cela nul acte n'est conçu possible); mais d'abord le sujet et l'objet corrélatifs qu'il implique ne sont qu'*imaginaires* ou qu'imaginairement distincts ou réels. Car un être qui fait simplement ou bien agit sans matière préexistante, est un être dont l'activité se borne à changer son état propre, en se mettant, par cela seul qu'il agit, dans un état autre que l'état précédent. Et si, pour lors et par hypothèse, l'état précédent n'est pas fait et mérite d'être appelé pour cela même *imaginaire*, le second qui lui fait suite ou le remplace est fait et mérite inversement d'être appelé *réel*. Le propre du *premier* sujet est donc de se poser absolument comme *réel*, parce qu'il implique en raison avant lui l'imaginaire. Au contraire, quand, à la suite ou à côté du premier sujet, le *second* sujet intervient et s'occupe immédiatement de lui tracer la direction dans laquelle il peut ou doit s'exercer pour être utile ou prendre forme et aboutir, la fin est au moins imaginairement présente ou réelle aux yeux de l'Intellect ou du *second* sujet, quand encore peut-être le Sens ou le *premier* sujet n'a pas commencé de la désirer ou d'aspirer vers elle, car elle est accidentelle pour lui. Dans ce cas, la fin n'est donc plus réellement présente comme dans le cas précédent, si ce n'est pour l'Intellect qui l'entrevoit comme future, imaginaire ou possible ; et tandis que ce *second* sujet, changeant de rôle ou devenant premier, propose alors au *premier*, devenant second, de la réaliser, il peut réussir ou ne pas réussir à le déterminer ; mais, en supposant qu'il le détermine, ils font désormais l'un et l'autre l'inverse de ce qu'ils ont fait jusqu'à cette heure ; car, tout comme d'abord le Sens s'est fait réel dans le ressort présupposé de l'imaginaire, et que tout de suite après l'Intellect imaginaire a pris pied dans le ressort du réel, le Sens a maintenant envie de se faire imaginaire en même temps que l'Intellect aspire à devenir réel, absolument de la même manière que s'ils marchaient l'un et l'autre à reculons. Partant alors de là pour caractériser intrinsèquement le *premier* et le *second* sujet radicaux, nous trouvons entre eux cette double différence : 1° que le *premier* sujet n'implique en aucune façon l'aide ni le concours de rien hors de l'imaginaire, et que le *second* sujet implique au contraire l'aide ou le concours du premier sujet pour pouvoir atteindre cette fois, par son moyen, à sa fin imaginaire, distante au moins d'un degré de la réalité tant pour l'un que pour l'autre ; 2° que le *premier* sujet aboutit toujours, en même temps qu'il agit ou instantanément à l'objet qui lui sert de fin, et qu'au contraire le *second* sujet implique en général et constamment deux temps au moins, savoir : un temps pour la représentation du possible, et un autre temps pour opérer la conversion du premier sujet et le déterminer à prendre pour objet actuel la fin future qu'il lui propose ou recommande.

Après ces préliminaires, que nous avons jugés indispensables, nous pouvons nous occuper de désigner le *premier* et le *second* sujet déjà décrits, au moyen de noms plus vulgaires ou plus familiers au commun des lecteurs ; et nous plaçant à ce point de vue, nous voyons alors dans le *premier* sujet le type de ce qu'on a coutume d'appeler *forces radicales*, et dans le *second* sujet le type de ce qu'on appelle ordinairement *forces vitales*. Existe-t-il en effet, par hypothèse, un sujet qui ne se pose pas plutôt comme tel, indépendamment de toute prévision ou mémoire, que son effet ne l'accompagne immédiatement comme l'ombre le corps, ou la sensation le coup physique : l'effet étant alors inséparable de la cause, on peut dire qu'il est éternel si la cause est elle-même éternelle, et la force qui le produit est ainsi la force première ou *radicale*. Au contraire, l'effet est-il, comme dans le cas du *second* sujet, séparable de la cause : la cause peut être, cette fois, éternelle sans que l'effet le soit ; et comme le propre de la force est alors d'évoquer du milieu du néant ou dans la contingence un simple exercice formel de la puissance, on donne au *second* sujet ainsi fonctionnant le nom de principe excitateur ou de force *vitale*. De même, par conséquent, qu'il y a un *premier* et un *second* sujet réels, il y a pareillement deux sortes de forces réelles et (pour parler encore le langage mathématique) rationnelles, qui sont les forces *radicales* et les forces *vitales*. S'il peut nous être permis ici, pour mieux fixer lés idées, d'anticiper sur ce qui doit suivre, nous dirons que l'*attraction*, la *répulsion* et l'*impulsion*, dont on retrouve là présence partout, sont les forces *radicales*, et nous verrons : dans l'*affinité*, la *cohésion* et l'*adhésion*, les premières forces *vitales*; dans l'*antagonisme*, l'*écartement* et l'*annulation*, les secondes; dans l'*accélération*, le *retardement* et la *mobilité*, les troisièmes. Remontant ensuite au principe immédiat respectif des forces *radicales* et des forces *vitales*, nous nous trouvons obligé de rapporter immédiatement toutes les premières, en leur qualité de *radicales*, au Sens, et toutes les dernières, en leur qualité de *vitales*, à l'Intellect, conformément aux prescriptions de la raison et de la foi, qui demandent un principe distinct pour le *fond* et la *forme*, ou pour l'*être* et la *vie* physiques.

5. Les forces *radicales* et les forces *vitales* (ou le *premier* et le *second* sujet) peuvent être et même sont souvent opposées dans la nature ; mais cela ne les empêche point d'être aussi quelquefois alliables et alliées, et tout d'abord elles sont même en tel rapport que les *vitales* sortent des radicales ou leur doivent de devenir distinctes et réelles à leur tour. Le besoin de nous rendre ici raison de l'origine et de la nature des forces *vitales* nous force à dire préalablement quelques mots du mode et du fonctionnement des *radicales.*

Au principe ou au-dessus de tout , et comme nous l'avons admis déjà (§ 2), il existe trois puissances réelles et absolues, nommées Sens ,. Intellect et Esprit , dont l'application *commune absolue multiple* conditionne l'*existence absolue* de tous les êtres simples connus sous le nom de monades ou d'éléments , mais dont l'exercice *relatif*, indépendant et distinct, se traduit respectivement (en cours d'application externe et limitée) par les dénominations d'*attraction*, de *répulsion* et d'*impulsion*. Car, au moment où par hypothèse les trois puissances réelles radicales se posent quelque part absolument en commun sous forme finie, comme c'est le cas en chaque astre, leur distinction ne laissant pas d'être persévérante, elles pratiquent, au milieu des nouvelles conditions faites par elles, les mêmes actes (au degré près) qu'elles exercent éternellement, chacune, en elles-mêmes; et tandis que éternellement le Sens confond, l'Intellect divise et l'Esprit unit (par tendance morale ou mouvement interne) tout ce qui comporte ce terme moyen entre la fusion et la séparation réelles, le Sens, l'Intellect et l'Esprit accidentellement appliqués continuent encore, autant qu'ils le peuvent, à s'exercer de la même manière, le premier en *attirant* vers un centre commun ce qu'il voudrait confondre, le second en repoussant de ce même centre ce qu'il voudrait conserver distinct, et le troisième en dérobant en chaque instant par un déplacement

continuel, à l'avide mais contraire activité des deux
autres puissances, l'objet litigieux de leurs efforts.
Il suit de là que, en principe, il ne doit point y
avoir au monde d'être simple en position et
qualité, qui ne soit, à la fois et en tous lieux,
toujours attiré, toujours repoussé, toujours en
mouvement ; et la preuve évidente de cette con-
clusion, nous l'avons dans les astres du firmament,
qui constituent le monde particulier de l'Esprit,
et dont il n'y en a pas un qui ne pèse, ne plane
et ne se meuve sans cesse dans l'immense étendue des cieux. Mais, envisagés sous ce rapport,
tous les êtres absolus sont (au degré près) également indépendants et personnels, ou doués des
mêmes forces et de la même immanence ; et, si
le plus faible ne peut nuire au plus fort, le plus
fort ne peut inversement accabler le plus faible.
Il en est maintenant tout à fait autrement, si
nous supposons que, en *idée* du moins (sinon
tout de suite *de fait*), on sort du monde particulier de l'Esprit, ou (ce qui revient au même)
qu'on cesse de participer au mouvement général.

Car alors, comme les trois puissances radicales ne sont point instantanément toujours égales en application et qu'elles alternent entre elles, chaque être devrait se trouver, au moment de l'arrêt, dominé par la puissance en ce moment prépondérante à son égard ; et, pour continuer à nous servir de la même comparaison, il en serait d'eux comme des astres, après la suspension instantanée de leurs révolutions incessantes. Supposé que les astres, en effet, cessassent de circuler dans les cieux, ceux qui seraient alors plus influencés de l'*attraction* (comme les planètes dans leur retour vers le périhélie) devraient se précipiter vers leur centre réel ; ceux qui seraient, au contraire, plus influencés par la *répulsion* (comme les planètes tendant vers l'aphélie) devraient s'écarter indéfiniment de leur centre réel et courir se perdre dans l'espace. Ainsi, l'attraction ne faisant plus équilibre à la répulsion ni la répulsion à l'attraction, tous les êtres seraient sous le joug exclusif de l'une ou de l'autre de ces deux forces contraires, et il n'y aurait plus de vie sociale dans le monde, mais seulement roideur et désagrégation, ou tyrannie et anarchie complètes. Toutefois, en supposant (comme nous l'avons fait) que l'activité radicale ne procède d'abord qu'imaginairement ou qu'en *idée*, non de fait, à cette transformation de son cours harmonieux primitif, ni les *groupes* spéciaux ou particuliers d'êtres qui se forment sous le souffle persévérant de l'attraction, ni les *dissolutions* spéciales ou particulières des mêmes groupes que détermine le jeu dissolvant des répulsions, ne sont encore de vrais faits ou de vraies *réalités* absolues, mais seulement des demi-réalités ou des *premiers mouvements* et des *prédispositions* à la fusion et à la séparation définitives et complètes. Ainsi, l'on n'arrive point tout d'un coup du meilleur état au pire ; mais, entre les deux extrêmes, on se trouve dans cet état moyen qui n'est ni la perfection ni la défection absolues, mais la simple imperfection ou la transition d'un extrême à l'autre.

2.

6. Dans cet état moyen de simple *imperfection* que nous venons de décrire, il y a deux choses à remarquer et qui sont ses différences avec les deux autres états extrêmes, ou l'état *parfait* et l'état *pire*. D'abord, ses différences avec l'état *parfait* se tirent de ce que, en lui, les trois puissances radicales ne sont point, comme chez ce dernier, successives ni égales en exercice, mais simultanées et inégales. Si les trois puissances continuaient, en effet, à s'exercer par instants infiniment petits l'une après l'autre, elles resteraient infinies en puissance et ne se limiteraient point; et, ne se limitant point, elles resteraient pareillement égales. Or, dans leur exercice accidentel, il leur est essentiel, au contraire, de pouvoir se limiter et d'alterner en acte aussi bien qu'en principe. Donc les trois puissances radicales, accidentellement constituées, ne sont plus successives ni égales, mais simultanées (au moins deux à deux ou par paire) et inégales. Puis, les différences de l'état *imparfait* au *pire* se tirent de ce que les trois puissances radicales, au lieu

d'être déjà déterminées en lui (comme chez ce dernier) d'une manière définitive et complète en leur genre, y sont seulement constituées d'une manière provisoire et partielle. Tandis qu'elles ne sont point encore, en effet, arrivées à la limite du mal et de la privation, elles ont un reste de force qui, bien ménagé, peut leur permettre de revenir sur leurs pas et d'échapper à leur perte ou ruine entière ; elles n'ont donc point tout perdu d'une part ; et, d'autre part, pour celles qui reviennent sur leurs pas ou qui peuvent du moins y revenir, leur état temporaire n'est qu'une sorte d'essai n'excluant à l'avenir ni le mieux ni le pire, et par conséquent bien provisoire ou non définitif. Dans leur état imparfait, les trois puissances radicales n'offrent donc point de dispositions définitives et complètes en leur genre, mais seulement des dispositions provisoires et partielles.

D'après cela, nous pouvons déjà nous faire une idée suffisamment claire de ce que c'est que la *vie*. Déjà nous savons, en effet, que la vie est l'œuvre du *second* sujet ou de l'Intellect ; et pareillement, d'après ce que nous venons de dire, nous savons que la *vie* doit signifier un état imparfait ou moyen d'*exercice* compris entre l'infinie dilatation des puissances absolues radicales, sous la bénigne influence de l'Esprit, d'une part, et leur complète extinction ou coërcition, sous l'empire écrasant et despotique du Sens, de l'autre. Il est, d'ailleurs, aisé de comprendre, en raison de l'immense intervalle imaginaire compris entre ces deux limites extrêmes, et de l'intrinsèque variabilité de l'état imparfait, que l'exercice des puissances radicales courant de l'un de ces extrêmes vers l'autre n'est pas concevable, dans l'espace et le temps, sans certaines phases d'agrandissement ou d'amoindrissement apparents, et soit *instantanément* soit *successivement* réalisables ; d'où il résulte que les êtres extérieurement vivants n'ont point quelquefois l'air de changer d'état, et cependant s'approchent tous, plus ou moins rapidement, de leur double fin, bonne ou mauvaise. La *vie* est donc, en général, *l'exercice d'une activité perfectible ou corruptible, ou même perfectible et corruptible à la fois sous différents aspects, et par conséquent plus ou moins rapidement variable.* Mais cette définition de la vie nous la montre, encore une fois, telle qu'elle est faite, envisagée dans toute sa plénitude et non avec la restriction que nous mentionnions plus haut (§ 5), quand nous disions qu'il fallait la prendre ici telle qu'elle est en *germe* dans les premiers mouvements ou les simples excitations spontanées que nous éprouvons avant de traduire en actes extérieurs les représentations ou les désirs instinctifs de notre âme ; et puisque ce dernier sens nous suffit, renfermons-nous exclusivement désormais dans la considération de ces petits événements qui sont comme un abrégé des grands. Par exemple, il n'y a point d'anatomiste qui n'admette que, concurremment à chacun des grands événements qui se passent dans le monde, et dont nous sommes · conscients comme acteurs ou témoins, il ne se passe dans notre cerveau quelque modification analogue très-petite, une certaine configuration cérébrale correspondant à la repré-

sentation du soleil , une autre configuration cérébrale correspondant de même à la réprésentation
d'un autre astre, etc. L'externe et l'interne sont
donc ou peuvent être en rapport constant, et cela
sans exception ou sous tous les rapports. Dès-lors,
par conséquent, qu'il s'agit des rapports des êtres
absolus comparables aux astres du firmament, et
qu'avant d'arriver à considérer les effets de leurs
mutuelles actions ou réactions à leurs limites,
nous pouvons les supposer appliqués à produire
simplement en petit et comme en germe, l'un
dans l'autre, l'image des plus grands événements
réalisables en gros entre eux dans l'espace et le
temps, dès cet instant, disons-nous, il en est
des petits phénomènes vitaux accomplis à la surface ou dans l'intérieur de chaque être ou de
chaque astre, comme il en est des petites figures
construites, en présence des objets extérieurs,
sur notre rétine ou dans notre cerveau. Par hypothèse, la contemplation des grands événements
nous est-elle donnée de fait : la fonction de l'Intellect en nous est celle d'un peintre en miniature,

Ce même Intellect avec ses petits tableaux passe-t-il au contraire le premier et donne-t-il efficacement le branle au Sens : il agit comme une étincelle de feu qui, tombant sur des matières inflammables, détermine aussitôt une explosion et des effets énormes.

7. Le principe vital étant l'Intellect, et ce même Intellect trouvant au-devant de son exercice spécial contingent (lui compris) trois puissances accidentellement appliquées à fonctionner constamment, sous l'incessante provocation de l'Esprit, sous forme universelle *attractive*, *répulsive* ou *impulsive*, son regard éminemment analysateur ou séparateur ne peut éviter de distinguer en elles, sans sortir pour cela de lui-même, la *puissance* de l'*acte*; et, ne cessant point encore de s'exercer à part, il peut également faire abstraction de la *puissance* et ne se jouer qu'avec l'*acte*, chose alors dénuée de toute importance et par là même indifférente. Mais, d'après ce qui précède, agir ainsi de sa part, c'est simplement tracer en

abrégé le type ou l'idéal de toute vie plus ample dans l'espace ou le temps infinis ; et, comme nous nous proposons de le démontrer dans cet écrit, suivant qu'il s'exerce en particulier sur l'*attraction*, ou sur la *répulsion*, ou sur l'*impulsion*, il fonde trois règnes différents justement réductibles aux trois règnes *minéral*, *végétal* et *animal*, connus de tous. Ces trois règnes de la nature ont donc vraiment, à notre point de vue (la vie), l'Intellect pour auteur ; et cependant, malgré cette communauté d'origine, ils sont réellement distincts, comme se référant à trois types divers. En d'autres termes, ces trois règnes sont, en principe, un seul règne, mais, de fait, ils en sont trois.

DU RÈGNE MINÉRAL.

8. Le règne *minéral* ayant (comme les deux suivants) l'Intellect pour principe et fin ou pour auteur et support, le Sens, dont l'exercice préalable est toujours impliqué par lui, n'y contribue dès-lors que de loin par la matière *élémentaire*

qu'il fournit en plus ou moins grande abondance selon les lieux ou les temps ; et c'est bien, ainsi, son succédané seul ou l'Intellect qui demeure chargé de l'ordonner, pour donner par là même naissance à ce premier genre de *forme* immédiate qui le présuppose tout d'abord constitué comme le Sens contingent, c'est-à-dire *attractif*.

Voici maintenant comment il est possible de concevoir, chez l'Intellect radicalement *répulsif*, ce revirement. Soit le Sens attractif *linéaire* et *simple*, comme acte, en direction. L'Intellect, qui lui succède aussitôt comme pratiquant une opération inverse ou répulsif, mais qui, lui-même, est exclusivement *linéaire et simple* par son fond, n'a dans ce cas, pour s'opposer efficacement à lui, sans le suspendre pour cela tout à fait, qu'à se presser en quelque sorte d'intervenir en se plaçant transversalement sur sa direction et le coupant normalement. Car, alors, le petit trait qui constitue l'acte sensible s'arrête forcément à la rencontre du nouveau petit trait interposé sur sa direction par l'Intellect ; et, l'acte attractif ne pouvant plus, par conséquent, avoir de suite parce qu'il est empêché par l'acte intellectuel interposé, l'on dit qu'il est *repoussé* du centre où il tend de prime-abord et même habituellement, les mots *empêché* et *repoussé* signifiant ici manifestement la même chose.

Comme nous venons de le supposer et que nous l'avons d'ailleurs établi précédemment (§ 6), l'Intellect radical dont l'exercice primitif fait généralement suite à celui du Sens, n'empêche rien ; et, si l'on veut qu'il empêche quelque chose, il faut qu'il s'oppose à son précurseur, le Sens, dans l'instant même où il agit ; mais, supposé qu'il s'oppose de fait à ce dernier, rien ne requiert qu'il le fasse tout à coup dans toute la région des actes attractifs accidentels sensibles. L'Intellect, s'opposant à ces derniers actes, agit donc ou peut agir sur eux comme par intermittence ; et ceux de ces actes qui viennent, par exemple, des pôles *nord* et *sud*, il les arrête ; ceux qui lui viennent des côtés *est* et *ouest*, il les laisse passer, ou *vice versâ*. Par le seul effet de l'accidentelle intervention simultanée de l'Intellect dans les affaires du Sens, il y a donc une distinction importante à faire entre les actes absolus sensibles, dont les uns sont et apparaissent attractifs, parce qu'en eux l'attraction aboutit, tandis que les autres sont attractifs mais cessent de le paraître, parce qu'en eux l'attraction n'aboutit point. Pour différencier ces deux sortes d'actes sensibles, on dit alors les premiers *convenants*, et les derniers *contraires;* mais comme, ici, notre unique objet est de déterminer tout d'abord les seuls effets de l'Intellect imitateur du rôle général attractif du Sens, nous ne devons parler présentement que des premiers, et nous dirons en conséquence que le mode spécial d'attraction révélé par la première intervention de l'Intellect dans les affaires du Sens est la *convenance spéciale* entre certains êtres, ou mieux, selon le langage reçu, l'*affinité*. L'affinité est donc une attraction déterminée comme propre à certains êtres seulement, et non plus comme commune à tous les êtres en général.

Mais, ainsi que nous venons de le dire, en

même temps qu'il y a des actes sensibles attractifs dont l'Intellect n'interrompt point le cours, il y en a d'autres qu'il arrête ; et ceux-ci dont l'activité ne peut traverser la petite ligne transversalement interposée sur leur direction, ne cessant point pour cela, de vouloir incessamment passer outre, pèsent alors sur elle de tout leur poids actuel, de manière que si, par hypothèse, on voulait les faire glisser à droite ou à gauche sur l'obstacle, il faudrait déployer à cette fin un certain effort proportionnel à leur pression de haut en bas, qui les fait apparaître cohérents. Mais ; de leur part, être cohérents, c'est révéler une nouvelle force d'attraction bien différente de l'affinité déjà connue de nous, et qui se nomme *cohésion*, et cette nouvelle force est encore évidemment d'origine intellectuelle. La seconde force née de l'accidentelle intervention de l'Intellect est donc la *cohésion*.

Enfin, les êtres qui ne peuvent descendre en parcourant de haut en bas la ligne droite aboutissant au centre, demeurent libres, avons-nous dit tout à l'heure, de se mouvoir ou de tendre vers les côtés, moyennant qu'il s'y trouve quelque nouvelle source d'attraction contingente qui profite de leur disponibilité pour apparaître à son tour. Mais, parce que cette nouvelle source d'attraction est contingente, non-seulement en elle-même, mais encore à l'égard des forces de *cohésion* et d'*affinité* présupposées, elle n'a point en général d'effet rétroactif ni ne peut défaire ce qui est, et tout son rôle consiste alors à réunir par les côtés, comme *adhérents*, les êtres élémentaires semblables, flattés de pouvoir encore imiter entre eux l'exercice modèle des forces de cohésion et d'affinité prédominantes en principe. Il n'y a donc pas seulement deux, mais trois sortes d'attractions *formelles* ou d'origine intellectuelle, et la dernière d'entre elles est l'*adhésion*.

9. Ces trois manières dont l'Intellect simule le Sens, imitent encore entre elles les trois forces *radicales* (nommées attraction, répulsion et impulsion) et jusqu'aux trois activités ou puissances

suprêmes (nommées Sens, Intellect et Esprit),
dont le propre est, suivant qu'elles se combinent
ou qu'elles se succèdent, de figurer, là, les trois
dimensions de l'espace, ici, les trois parties essentielles du temps. Voyons d'abord comment les
trois forces *formelles* déjà reconnues, en se com-
binant, reproduisent l'espace. La première de ces
forces ou l'*affinité* consiste, avons-nous dit, à
faire agir l'attraction en *ligne droite* entre certains
êtres déterminés : en elle, nous avons donc déjà
de fait la première dimension. Quand, ensuite,
la cohésion survient ou même parce qu'elle survient, nous avons dû supposer qu'une *seconde
ligne* droite coupe transversalement [1] la première et forme par conséquent avec elle un plan :
nous avons donc acquis, avec la *cohésion*, deux
dimensions. Enfin, quand l'*adhésion* s'ajoute aux
deux premières forces, la nécessité de la distinguer d'avec elles nous oblige à admettre qu'elle
s'exerce dans un autre sens que le leur, et par

---

[1] Pour fixer les idées, sous-entendez ici *équatorialement.*

conséquent normalement à leur plan [2]; nul n'i-
gnore d'ailleurs que toute *ligne droite* normalement appliquée sur un plan donne naissance à
la forme solide : l'intervention de l'adhésion après
la cohésion et l'affinité consomme donc la représentation des trois dimensions obligées de l'espace. Mais, de plus, il est inévitable que les
mêmes forces, successivement appliquées, donnent occasion à la reproduction intelligible des
trois parties essentielles du temps; car, comme il
est impossible d'attribuer simultanément la pré-
pondérance à trois puissances à la fois, il faut,
pour pouvoir concevoir chacune des trois forces
formelles dominante à son tour, supposer à l'exercice de chacune d'elles *trois* moments, savoir :
pour la première, ceux d'être *actuelle, passée* et
très-passée; pour la deuxième, ceux d'être *future, actuelle* et *passée;* et pour la troisième,
d'être *très-future, future* et *actuelle.* Moyennant
ces trois divisions ternaires, clairement superposa-

---

[2] C'est-à-dire, d'après la note précédente, *vers des pôles.*

bles entre elles terme à terme, il est manifeste, d'ailleurs, qu'on a toujours réunies toutes les parties essentielles ou constitutives du temps. Les trois forces formelles se prêtent donc aussi bien à reproduire, par succession, les différentes parties du temps réel, que, par simultanéité, les trois dimensions de l'espace.

Ce n'est pas tout; au lieu de concevoir les trois forces formelles seulement *simultanées* (comme actes) et seulement *successives* (comme puissances), nous pouvons les concevoir encore *variables* (comme tendances); c'est-à-dire nous pouvons admettre qu'elles tombent à la fois sous les deux aspects précédents, de manière à paraître individuellement changeantes sous un aspect et fixes sous un autre, car c'est alors qu'elles tendent réellement. Mais, en partant de cette supposition, il importe de bien saisir ce qu'il y a de variable en elles; et, cherchant à le reconnaître, nous n'avons pas de peine à voir que, ce qu'il y a de variable en elles désormais, c'est tantôt leur simultanéité, tantôt leur succession ; car la simultanéité peut être portée dans la succession, comme la succession dans la simultanéité. Admettons donc qu'il en est ainsi. Tout être fixe et changeant à la fois ou doué de deux activités relatives contraires, est *subjectivement* (comme nous l'avons dit tout à l'heure) tendu, parce que ne pouvant se partager, il ne va qu'à demi, par une sorte d'élasticité naturelle, soit d'un côté, soit de l'autre. Mais, *objectivement*, il varie réellement dans ce qui sert de support ou de matière à son travestissement apparent et *double* comme l'est tout composé binaire, tel que *ab* ou *ba* (sous cette forme nous désignons ici toute combinaison de successif et de simultané). Nous pouvons donc nous attendre à ne plus trouver ici devant nous, comme précédemment, trois, mais seulement deux termes, et ces deux termes sont, d'une part, la *multiplicité* qui produit les ensembles simultanés ; d'autre part, l'*ordre* d'où provient la succession. Vulgairement on donne à cette idée de *multiplicité* les noms d'*intensité*, de *masse*, de *matière*, et à cet *ordre* qui peut persévérer, le nom de *forme*.

10. Dans les trois grandes données déjà trouvées et correspondant, les premières (au nombre de trois) aux trois dimensions de l'espace, les secondes (au nombre de trois encore) aux trois parties essentielles du temps, les troisièmes (au nombre de deux seulement) aux deux idées physiques de matière et de forme, nous avons tout ce qu'il faut et ce qui suffit pour comprendre l'existence et la nature intrinsèque ou fondamentale des êtres faisant vraiment partie du règne minéral ; mais avant d'entreprendre cette étude, désormais facile, nous devons faire observer que le règne minéral est, pour nous, beaucoup plus restreint qu'on ne le fait d'ordinaire. Dans la commune manière de voir, tous les corps de la nature, tels que l'atmosphère, les mers, les montagnes, les roches de diverses espèces, etc., appartiendraient au règne minéral. Selon nous, au contraire, on ne peut que très-improprement

renfermer dans ce règne tous ces différents corps naturels, et la raison en est qu'ils sont sans forme propre ou caractéristique, attribuable à l'Intellect. Ces corps ont bien quelquefois une certaine forme durable ; mais cette forme, ils la tirent des seules forces générales ou radicales que nous savons animer tous les êtres, ou bien (ce qui est pire) ils la doivent au hasard, et par conséquent leur formation n'impliquant point de force spéciale ou même n'en impliquant d'aucune sorte, il ne répugne aucunement de les traiter de *bruts*, d'*informes*. Quels sont alors les corps vraiment *formés* ou *formels*, si ce n'est ceux qui, dans leur configuration, obéissent ou paraissent incontestablement obéir à certaines lois nettement définies et retrouvables partout ou toujours applicables, comme chez les cristaux ? L'ensemble des êtres cristallisés seuls constitue donc le règne minéral proprement dit.

Nous renfermant donc dans la considération des êtres cristallisés, nous avons désormais trois choses à demontrer, savoir: 1° que cet ordre de phénomènes est, *en principe*, d'origine exclusivement intellectuelle ou non sensible ; 2° que, *de fait*, il se produit constamment sous forme attractive pure, par la successive intervention des trois forces spéciales appelées *affinité*, *cohésion* et *adhésion* ; 5° enfin que, sans offrir encore de loi précise, les *variations* de ce genre de phénomènes sont réductibles à certains chefs déterminables dans les règnes suivants.

11. Établissons, en premier lieu, que l'ordre des phénomènes de cristallisation a radicalement le seul Intellect pour principe absolu. La démonstration de cette proposition se déduit de la nature éminemment formelle de cette sorte de phénomènes, et nommément de ce qu'ils présentent souvent des cas de substitution de corps à corps différents dans le même système, ou de forme à forme différentes avec le même corps.

Déjà nous savons (§ 4), et chacun conçoit ici d'ailleurs aisément par soi-même que toutes les causes réelles assignables des phénomènes naturels se réduisent à deux chargées de présider, l'une à la réalisation des phénomènes naturels *immédiats*, tels que l'*odeur*, la *saveur*, la *couleur*, etc.; l'autre à l'institution des phénomènes naturels *médiats*, tels que l'*étendue*, la *figure*, etc.; et l'on sait encore que la première de ces causes absolues originaires se nomme Sens, la seconde Intellect. Or la disposition des éléments primitifs ou même de leurs premières agrégations moléculaires en *cristaux*, appartient à cette seconde classe de phénomènes naturels; car elle s'effectue régulièrement avec les premiers produits physiques du Sens, sans en altérer ou troubler le moins du monde l'essence, et le règne de la forme y est seulement un peu plus manifeste qu'il ne l'est dans les phénomènes naturels *médiats* du plus bas degré, parce que, au lieu d'y jouer un rôle simplement accessoire ou passif, elle y témoigne déjà positivement de son activité par l'ordre ou la symétrie des proportions. Les phénomènes de la cristallisation sont donc exclusivement ou particulièrement d'origine et de nature intellectuelle.

Mais la même vérité ressort encore clairement, ainsi que nous l'avons dit, des faits de substitution qui s'accomplissent dans la cristallisation et qui témoignent de l'expresse intervention actuelle d'un sujet intellectuel et non sensible. Car, si les phénomènes cristallins dépendaient essentiellement de la nature ou qualité des premiers produits physiques, où ces produits sont identiques, on ne verrait jamais apparaître de formes systématiquement différentes ; et, où ces produits sont différents, on ne verrait pas non plus régner souvent les mêmes formes. Or il est certain, par les faits bien établis du *dimorphisme* et de l'*isomorphisme*, que souvent et par suite de changements nettement définis ou faciles à définir, ou le même corps prend différentes formes, ou la même forme s'adapte à différents corps ; et ces faits, dont le *premier* sujet ne suffit point alors à rendre compte, ont leur raison d'être évidente dans le *second* sujet, seul apte, comme actif à son tour, à les produire. Les phénomènes cristallins sont donc essentiellement d'origine et de nature intellectuelle.

12. En second lieu, passant de l'absolu au relatif, nous devons admettre que les mêmes phénomènes résultent d'une immédiate application intellectuelle de l'activité radicale par manière d'*attraction*, sous les formes spécialisées d'*affinité*, de *cohésion* et d'*adhésion*. D'abord, l'*affinité*, quoiqu'elle n'aboutisse point ici généralement à sa fin, qui est la fusion absolue, y joue néanmoins le premier rôle, en amenant l'un vers l'autre et jusqu'au contact les éléments destinés à s'unir. La cohésion, intervenant aussitôt, s'approprie le second rôle, en maintenant serrés et comme collés ensemble les êtres réunis en files du centre à la surface; on en a pour preuve l'existence ou la possibilité du clivage. Enfin, les éléments ainsi réunis par simple cohésion sont encore susceptibles d'*adhérer* latéralement les uns aux autres, comme l'atteste la persistance des faces de clivage une fois disjointes ou réduites en plaques séparées [1]. Ces mêmes phéno-

---

[1] Un autre indice expérimental de l'essentielle distinction à faire entre la *cohésion* et *l'adhésion* est ce fait, qu'on

mènes cristallins, qui n'impliquent *absolument*
en principe qu'une seule force radicale, en impliquent donc *relativement* trois.

Les trois forces relatives formelles dites *affinité, cohésion* et *adhésion* s'appliquent maintenant en commun, dans leur spécialité, par *acte*
ou par *puissance*. Et sont-elles considérées sous le
premier aspect : elles doivent (§ 9) constituer,
en chaque cas particulier, un seul Tout à trois
dimensions. Sont-elles considérées, au contraire,
sous le second : elles conditionnent un même
Tout à trois phases distinctes. Les trois dimensions ainsi réalisées sont généralement figurables
par trois coordonnées rectangulaires en principe
et tenant lieu d'*axes primitifs*[1], au moins imagi-

---

n'a point observé d'autres clivages que ceux parallèles à
une ou à plusieurs des formes (100), (111), (011), ou *cube,
octaèdre* et *dodécaèdre*. Il suit, en effet, de là, que les *faces*
des cristaux se distinguent des *plans de clivage;* et, si elles
s'en distinguent, elles n'ont plus la *même* raison d'être ou
du moins ne l'ont pas pure, et non modifiée par quelque
nouvel agent.

[1] Ces *axes primitifs* répondent aux directions fondamentales qu'on a coutume de représenter par OX, OY, OZ.

naires. Nous donnerons aux trois phases distinctes successives [1] le nom d'*âges*. Les cristaux, envisagés sous le rapport des *âges*, n'ont point généralement d'autre élément de différenciation que l'inégalité de durée provenant, toutes choses égales d'ailleurs, d'une inégalité de puissance ou d'intensité radicale; mais, envisagés sous le rapport des *axes primitifs*, ils ont deux éléments de différenciation qui sont la longueur respective des axes, d'une part, et leur variable inclinaison respective, de l'autre; et ce sont là leurs principales variations dont il s'agit à présent de rendre compte.

13. En troisième lieu, les principales variations accidentelles des cristaux, que nous venons de dire constituées par la variable longueur des *axes* primitifs ou la plus ou moins grande ouverture de leurs *angles*, dépendent de deux chefs

---

[1] Ces trois phases des cristaux sont celles de leur *formation*, de leur *parfait état de conservation*, et de leur *décadence*.

3.

particuliers, finalement réductibles tous les deux à la contingence, mais différant néanmoins l'un de l'autre comme principe et fin ou comme absolu et relatif ; car il y a une contingence initiale, absolue, et une contingence finale, relative.

Déjà nous avons admis, comme on a dû le remarquer, que les cristaux se forment par juxtaposition de molécules ou d'éléments homogènes ou du moins compatibles. Cet accroissement, qui d'abord a lieu principalement suivant les axes, peut naturellement se pousser plus loin d'un côté que de l'autre, si du côté de l'axe ou des axes destinés par hypothèse à prévaloir il existe, avec plus de liberté d'action intellectuelle, plus de matière ou d'éléments physiques agrégeables. Mais c'est bien tout à fait accidentellement ou fortuitement que la matière sensible, est ainsi toujours plus ou moins inégalement distribuée vers les différents côtés des centres particuliers des cristaux, qu'on sait n'avoir point *à priori* d'orientation déterminée ; et d'ailleurs, quand il s'agit, pour ces corps, de se former au moyen de simples élé-

ments constitutifs présents mais pleinement inac-
tifs sous l'impulsion de la force motrice, la détermination de cette force à les produire aux lieux
et moments opportuns est encore un acte manifeste de contingence *absolue*, parfaite, initiale.
Il dépend donc du seul et pur hasard que tel ou
tel axe s'accroisse sensiblement plus que tel ou
tel autre.

Au contraire, la plus ou moins grande inclinaison respective des axes qui ne sont pas rectangulaires, est un effet de contingence imparfaite
et finale ou *relative*, ainsi que nous allons l'expliquer. Admettons ici, suivant ce qui précède,
qu'accidentellement, sur les directions radicalement rectangulaires de *deux* axes primitifs, il se
déploie simultanément deux forces apparentes
(purement apparentes) d'accroissement inégal :
de ces deux forces apparentes en concours *résul-
tera* pour lors (comme dans le cas du pendule
Foucault) une force apparente moyenne tenant
plus ou moins de l'une et de l'autre; et cette force
apparente moyenne , servant d'*axe dérivé*, pro-

jettera naturellement la formation cristalline soit à droite soit à gauche, suivant les circonstances. La projection inclinée des cristaux est donc réellement un effet de contingence engendrée, produite ou relative ; et finalement toutes les particularités des cristaux ont leur raison d'être actuelle, quoiqu'ils soient bien incontestablement contingents.

14. Nous avons dit maintenant, à peu près, tout ce qu'on peut dire d'essentiel ou d'important concernant le règne minéral proprement dit ou cristallin, quand, après avoir exposé les notions fondamentales, nous avons encore fait connaître:

1° Le mode général d'accroissement des cristaux par simple juxtaposition de parties ou d'éléments ;

2° L'origine toute fortuite des accroissements exceptionnels suivant un ou deux axes privilégiés;

3° Enfin, la raison des mouvements résultants ou tendentiels qui surviennent et tiennent toujours une route moyenne entre deux directions respectivement radicales et rectangulaires.

Ces derniers mouvements, dont la contingence est la base objective, idéale, correspondent à ces vagues aspirations si fréquentes dans la vie, qu'on appelle *désir de l'inconnu, du nouveau*. Dans les accroissements exceptionnels suivant tel ou tel axe, au contraire, on peut voir une représentation exacte de ce que l'on nomme *talent, génie, faculté*. Mais, dans l'acte général d'accroissement qui conditionne le tout, et qui ne présuppose pas moins au dehors le concours (chose fortuite en soi) du dehors au dedans, qu'au dedans l'impulsion incessante d'une idée-mère ordonnant au fur et à mesure le dehors, nous trouvons le type absolu formel des êtres contingents tels que chacun de nous pris au physique, quand notre corps d'abord grandit, puis s'organise peut-être exceptionnellement mieux sous quelque face, et joint enfin à ces dons apparents ceux moins manifestes d'une ou de plusieurs inclinations subjectives à s'exercer diagonalement entre deux ou plusieurs données antérieures ou intérieures applicables à la fois, et par là même concourantes. Un cristal est donc l'image d'une vie d'homme prise en quelque sorte sur le fait ou considérée dans ses actes comme actes, indépendamment des motifs ou des lois qui peuvent les déterminer et dont la reconnaissance se rattache alors aux études à faire sur les règnes suivants.

Cherchant à simplifier, en partant de ces idées, la conception de tout l'ensemble du règne cristallin, nous le divisons seulement en trois groupes ou systèmes principaux, qui sont ceux des cristaux : 1° *cubiques;* 2° *quadratiques;* 3° *simples.* Nous appelons cristaux *cubiques* ceux qui sont des cubes parfaits, parce qu'ils sont égaux dans toutes leurs parties et surtout dans leurs trois dimensions ou les lignes qui les représentent; cristaux *quadratiques* ceux qui n'offrent que deux de ces dimensions ou de ces lignes égales, la troisième étant quelconque; cristaux *simples,* enfin, ceux auxquels leurs trois dimensions inégales donnent une apparence de forme où la largeur ne l'emporte pas moins sur l'épaisseur, que la longueur sur la largeur. L'inégalité de force ou d'intensité formatrice accusée par cette inégalité fréquente de développement en longueur, largeur et épaisseur, n'est point cependant une raison d'imaginer une formule spéciale pour chacune des activités relatives appliquées à réaliser ces trois dimensions une à une ; car tant l'*adhésion* que la *cohésion* et l'*affinité* peuvent, comme il serait aisé de le proüver et par une raison que nous donnerons plus tard (§ 39), être représentées par la seule formule $\frac{M}{V}$, M signifiant là l'*intensité*, et V l'*extension* [1]. Mais cette formule

---

[1] Certains lecteurs peuvent désirer que nous nous expliquions catégoriquement sur notre manière d'appliquer cette formule aux cristaux. Voiçi, pour lors, comme nous entendons la chose. On sait ou peut savoir que, au cas où l'on représente par un système de trois coordonnées tout mode absolu de constitution cristalline, on arrive, au moins dans le système cubique, à trois expressions de la forme :

$$\frac{h'}{h^2 + k^2 + l^2}, \quad \frac{k^2}{h^2 + k^2 + l^2}, \quad \frac{l^2}{h^2 + k^2 + l^2}$$

De même qu'on trouve, alors, à *chacune* des trois expres-

n'indique , par sa *généralité* , que le caractère *général* du règne cristallin ; et , par la *variable valeur* (une fois fixée pour toutes) de ses termes, que les caractères spéciaux des cristaux relativement à leur plus ou moins grand développement en longueur, largeur et profondeur : elle laisse donc pleinement indéterminées toutes les autres questions *particulières* dont ils peuvent encore être l'objet, comme le nombre, l'inclinaison, la

---

sions particulières obtenues cette forme, leur *somme*, propre à représenter le cristal, peut et doit s'offrir sous une forme complexe et semblable, telle que $\dfrac{(h^2 + k^2 + l^2)}{h^2 + k^2 + l^2}$, où nous renfermons entre parenthèses le numérateur, pour montrer que, *en lui et par rapport au dénominateur*, la somme incluse ($h^2 + k^2 + l^2$) est aussi *simple* que l'est celle des numérateurs de chacune des expressions particulières obtenues. Les quantités sont donc *fondues* au numérateur, et *distinctes* au dénominateur ; ou bien la sommation a lieu, là par *fusion*, et ici par *juxta-position*. Supposant donc toutes les quantités égales et divisant tous les termes par leur valeur, on a la même chose que si l'on avait $\dfrac{3}{1 + 1 + 1}$, expression évidemment identique à celle-ci $\dfrac{M}{V}$ et pouvant d'ailleurs servir de symbole au tétraèdre régulier.

continuité... de leurs faces. Cette limitation de la formule lui vient de sa bonté même ; car, tous les caractères particuliers des cristaux leur étant éminemment accidentels, ils ne leur adviennent en vertu d'aucune loi déterminée reconnaissable en eux ; et pour trouver cette loi, qui n'en existe pas moins, il faut alors sortir des limites du règne cristallin et chercher en dehors de lui, sous une autre forme concrète, les lois transcendantes qui, de près ou de loin, en règlent l'existence. Envisagées à ce point de vue, les lois se distinguent des faits, et les précèdent imaginairement ; mais, de fait, elles n'apparaissent ou ne deviennent patentes qu'après eux, conformément à cette proposition psychologique plus générale, que le fait implique toujours avant lui sa possibilité, mais non l'aperception de cette possibilité même, qui le suit comme un nouveau fait, non plus absolu ni physique, mais idéal et relatif.

DU RÈGNE VÉGÉTAL.

15. La première chose que nous avons dû signaler en commençant à parler du règne *minéral*, a été son origine tout *intellectuelle*; mais ce point n'a pu ressortir aussitôt dans toute sa vérité, son importance, et nous ne saurions même à présent en donner une idee complète : nous le reprenons seulement ici, pour avoir occasion de faire observer, en vue de nos recherches ultérieures, comment les éléments d'un cristal, en se réunissant pour former un tout, contiennent intelligiblement déjà, chacun en soi, l'image formelle de ce tout ; de manière qu'il n'y a point de cristal *réel* au dehors ou dans la nature, qui n'implique, intérieurement ou dans la conscience, son type corrélatif dans un cristal *imaginaire*.

De même que, lorsqu'une troupe d'hommes se réunit pour former une armée de soldats, tous les hommes ainsi réunis sont animés d'un même esprit ou d'une pensée commune et formelle, telle que la nécessité de défendre l'État menacé par quelque puissance étrangère, de même les éléments qui se réunissent pour former un seul et même cristal ont, chacun, le même besoin ou la même fin; et si, cependant, il résulte de leur nombre et de leurs différences accidentelles qu'ils ne peuvent occuper, tous, le même rang ou jouir des mêmes avantages, leur dévouement à la cause commune et le sentiment d'harmonie les dominent encore assez le plus souvent, pour qu'aucun n'hésite à se contenter de la place ou de la part laissée à sa disposition dans l'ensemble, après une exacte pondération ou revue des droits de tous. L'égalité parfaite n'est, en effet, possible qu'entre êtres indépendants et souverains ou non associés ensemble; et dès qu'on imagine une pluralité d'êtres unis entre eux, on ne peut éviter de supposer les uns exclus de la position ou de la part faite aux autres: alors il y a donc, pour chacun, nécessité de se plier plus ou moins aux nouvelles conditions limitées d'existence, et mille inégalités surgissent ainsi tout d'un coup sur un fond commun d'égalité primitive d'autant plus apparente que ses prérogatives sont elles-mêmes mieux gardées. Cela posé, si l'on se demande pourquoi tel élément est placé, par exemple, au centre d'un cristal, et tel autre à l'un de ses sommets, ou bien encore pourquoi tel élément est au milieu d'une arête, et tel autre au milieu d'une face, on doit voir que chacun de ces êtres joue, relativement aux autres, un rôle différent, suivant la force d'affinité, de cohésion ou d'adhésion qui l'anime; mais pourtant ce rôle particulier est, pour chacun de ces êtres, une simple détermination accidentelle d'un même fond d'activité commune ou propre à tous, et dès-lors, comme commune ou propre à tous, *convertible* et *différemment modifiable* à peu près comme l'eau, dont on peut à son gré faire un liquide, un solide ou de la vapeur, à la seule condition de n'en changer jamais l'essence.

Cette propriété d'accommodation dont il y a des preuves manifestes dans les deux derniers règnes de la nature, ne leur est point exclusivement propre, mais existe déjà dans le premier : car, outre qu'on peut déjà le conclure de ce qu'on voit les corps du règne minéral cristalliser sous toutes les formes en temps et lieux convenables, la même chose résulte de ce que, dans un même système cristallin, des éléments parfaitement constitués de la même manière ne laissent point d'occuper des places ou d'offrir des inclinaisons différentes sans la moindre apparence de lutte. Cette différence purement actuelle, en effet, au lieu de prouver qu'ils sont ainsi simplement réunis du dehors comme par force majeure, prouve démonstrativement qu'ils le sont plutôt exclusivement du dedans, en vertu d'une impulsion subjective puissante qui les inspire et meut tous à la fois. Mais, comme nous l'avons déjà dit, cette force intérieure qui les détermine ou fait agir, tient toujours compte des circonstances ; et comme la plupart de ces circonstances dépendent en elles-mêmes du hasard, nulles déterminations prises à leur occasion ne sont propres à déceler toute la profondeur ou l'étendue de la puissance absolue qui les inspire. Pour continuer alors d'en scruter et pénétrer la nature, nous passerons du règne minéral au végétal.

Cette transition d'un règne à l'autre implique, du reste, une transformation d'activité semblable à celle dont nous parlions tout à l'heure, mais bien supérieure pourtant, si l'on en considère le degré ; car elle est à cette dernière comme l'absolu au relatif. Les trois règnes de la nature sont effectivement comme absolus l'un pour l'autre, et cette différence intrinsèque ressort de l'opposition de leurs caractères constituants respectifs, que nous aurons lieu de signaler prochainement (§ 18). Il importe alors fort peu que le premier règne ait été déjà reconnu *réel* : ce premier règne, quoique réel en soi, subsiste à part ou n'intervient que comme *imaginaire* par rapport au suivant, au moment où ce dernier s'en distingue, et ce n'est ainsi que de loin, de bien loin et comme d'un autre monde, que ses produits primitifs y reparaissent en fonction sous de nouvelles formes, à l'instar des touches d'un orgue qu'un organiste met en mouvement, et qui déterminent, mais ne constituent point les nouvelles productions appelées *sons* qui s'en échappent.

16. Dans le premier règne, la coexistence ou superposition des deux sortes de cristaux *imaginaires et réels* (§ 15) est si parfaite, qu'on n'a nul lieu de les y distinguer encore au point de vue des faits; car le cristal *imaginaire* qui, là, coexiste au *réel*, n'est jamais objet réel de représentation avant le cristal *réel* qui, seul, en excite ou fait naître l'idée. Mais, supposons-nous ce premier fait — une fois accompli — suivi de sa représentation ou de l'idée : par suite même du nouveau fait de représentation engendrée qui termine le fait sensible ou physique précédent, la distinction s'établit entre le cristal *réel* et le cristal *imaginaire*, l'idée séparant parfaitement désormais l'une de l'autre la *réalité* du fait et sa *possibilité* rationnelle, ou bien encore l'acte *initial* et le *final*, le *matériel* et le *formel*. Maintenant, quand un fait réel et son idée se sont

bien, une fois, posés distinctement l'un à côté
de l'autre, leur *union* ou leur identification primitive joue clairement à son tour un rôle simplement imaginaire auprès de la *distinction* actuelle
qui la supplante dans le temps; elle ne vaut donc
désormais que comme type aux yeux de l'être
actif représentant qui s'en approprie la forme
intrinsèque ou le mode, mais, le plus qu'il peut,
en rejette loin de soi le contenu réel ou la matière.
Ainsi, la matière et la forme du premier acte
sensible, désormais distinctes, offrent cela de particulier, que la matière en devient inerte ou passive
sous l'active influence ou direction de la forme de-
venue toute-puissante à son tour; et de la distinction entre l'imaginaire et le réel, ou l'objet et le
sujet, il résulte que l'idée cristalline, au lieu de
dériver désormais de la cristallisation, en dirige
l'exécution et, pour sa propre orientation, en
considère les formes accidentelles, non comme
faits, mais comme types.

Dans sa première évolution, qui donne naissance au *règne* cristallin, l'Intellect subjective-

ment actif se laisse aller au gré des apparences objectives *externes*, qui l'influencent en plein et sans obstacle ; mais, dans sa seconde évolution, qui doit instituer le *règne* végétal, l'Intellect ne subit plus que l'influence des apparences objectives *internes*, dérivées des précédentes externes ; et, comme il est naturel aux internes de présenter un ordre, une constance, une simplicité qu'on n'a pas coutume de rencontrer chez les externes, plus dépendantes du hasard que de l'idée, l'idée, qui doit vouloir prendre cette fois sa revanche, se révolte d'autant plus contre les faits accomplis, qu'ils s'éloignent davantage de la perfection relative entrevue par elle. Où, par exemple, les faits s'écartent de l'ordre régulier, elle se pique de prescrire ou d'introduire la régularité ; mais où, par excès de simplicité, les faits accuseraient une atonie trop grande ou bien défaut de spontanéité chez l'être actif, l'idée s'empresse inversement d'introduire ou d'apporter la variété la plus agréable possible. L'Intellect, instituant la vie *minérale*, ressemble donc à une eau qui prend naturellement la forme du vase qui la contient ; et l'Intellect, auteur de la vie végétale, ressemble à une eau qui s'écoule et qui, dans son écoulement, change plus ou moins l'état des lieux qu'elle traverse, en amoncelant la terre sur certains points et l'enlevant en d'autres.

17. L'Intellect procédant à la formation du règne végétal n'est donc pas l'Intellect simple ou radical, ni même l'Intellect s'essayant dans son premier exercice cristallisant ; mais l'Intellect ayant déjà des intérêts particuliers à servir ou l'Intellect revenant sur ses propres données, réfléchi, consultant l'*art*, non la seule nature ; et pour lors, de ce complet changement relatif de principe, suit un égal changement de rôle, un nouveau règne. Effectivement, les deux règnes *minéral* et *végetal* étant entre eux comme la *nature* et l'*art*, et (pour remonter plus haut) comme le Sens et l'Intellect radicaux eux-mêmes, il y a lieu de les différencier aussitôt, par leur face exclusivement mathématique ou formelle, en disant

qu'ils sont, l'un, de l'ordre le plus bas ou *linéaire*, l'autre, de l'ordre immédiatement supérieur ou des *surfaces*. Et qu'on ne s'étonne point de nous entendre affirmer ici, contradictoirement en apparence, que le règne minéral, déjà bien et dûment reconnu contenir les trois dimensions, n'est cependant que de la première ; car cette opposition de vues se concilie parfaitement au moyen de leur distinction même, si l'on a soin de remarquer que les trois dimensions des cristaux se font constamment avec de simples lignes droites, ou (ce qui revient au même) avec une seule dimension fondamentale. En eux, en effet, il n'y a point de lignes courbes ni d'inflexions continues à l'instar des perpétuels changements de direction observés chez les végétaux, mais tout y est sensiblement anguleux et rectiligne. Les occasions favorables à cette transformation n'y manquent pas cependant, on en a pour preuve les nombreux cas d'hémitropie ; il est donc essentiel à la force absolue, relativement active chez les cristaux, de s'appliquer en eux par simples lignes droites, parallèlement juxtaposées ou se coupant les unes les autres sous des angles quelconques ; et quoique, alors, les produits en soient dans leur ensemble du troisième degré, les éléments dont elle les compose sont exclusivement du premier, et permettent de la comprendre elle-même dans la même catégorie sous ce rapport. Au contraire, le règne *végétal*, qui fait suite au précédent, est nécessairement du second degré, comme la force absolue qui le produit ; parce que, tous les actes en étant cette fois généralement contournés ou courbes suivent deux dimensions au moins, et présupposant par là même en principe les idées de *mouvement circulaire* et de *plan*, le règne ou la force doivent être évidemment de même ordre que ces derniers éléments fondamentaux à leur égard.

Mais pourquoi, nous demandera-t-on, cette transformation de la ligne au plan, ou du rectiligne au circulaire, a-t-elle lieu ? Nous répondons à cela : cette transformation dépend de la *nature de lu nouvelle fonction alors remplie par l'Intellect.* Que fait, en effet, l'Intellect dans sa promière fonction par laquelle il institue le règne minéral? Il oppose sur une même ligne point à point être à être, ou forme des contrastes. Or il est évident que, dans ces conditions de simultanéité, la pensée ne peut jamais sortir du linéaire, du rectiligne, ou de la première dimension. Au lieu d'en rester là, l'Intellect intervient-il alors par une seconde action sur la première, et pose-t-il ainsi coup sur coup deux actions, dont la première est (comme principe ou point de départ) absolue, fixe ou respectivement immobile, et dont la seconde est (comme terme ou fin) relative, mobile et dépendante : alors, la succession des instants pendant lesquels l'Intellect s'applique invariablement sous sa première forme et variablement sous la seconde, nous est une raison de nous en représenter l'action personnelle, une au fond, à la façon d'*un rayon fixe au centre et circulant par l'autre bout d'une manière uniforme* ; et de cette manière, parce qu'il est essentiel à l'Intellect, saisissant cette opposition du variable à l'invariable, d'avoir la conscience du temps au moyen de laquelle la forme circulaire se dessine autour d'un seul et même point central, nous comprenons très-bien, non-seulement que la forme continue toujours d'être d'origine intellectuelle, mais encore que, dans sa seconde phase occasionnée par l'intervention de l'idée de succession ou de temps, elle est, en principe, *circulaire*, et, de fait, *plane* ou *superficielle*, c'est-à-dire et pour tout exprimer en un mot, du *second degré*.

18. L'élévation de la seconde dimension au rang de principe impliquant à la fois inséparablement l'*idée* du temps et la *réalité* du mouvement, les deux éléments du temps et du mouvement dont il s'agit là ne doivent point encore évidemment être censés distincts ou représentés à part, mais plutôt absolument confondus dans une seule et même action, dont le produit immédiat apparent est la forme, non plus raide ni fixe, mais fluente et variable. Pour peu qu'on veuille réfléchir sur ce point; on peut entrevoir déjà que, sous un certain rapport, la force vitale

radicale absolue s'affaiblit en se développant ou perd autant qu'elle gagne ; mais nous n'avons point actuellement à nous arrêter sur cette considération incidente, et, passant à ce qui nous regarde de plus près, nous ferons observer que, au moment où le mouvement vient agiter la forme fixe cristalline, on y voudrait voir à tort l'origine réelle de la *vie* proprement dite, comme s'il n'y avait point de vie sans mouvement réel ou apparent. Car la vie règne, comme nous l'avons toujours présupposé, dans les produits cristallins de l'Intellect, indépendamment du temps et du mouvement réels ou apparents qui n'y sont pas ; et la raison en est qu'elle y *opère* absolument ou sans variation objective, ce qui plus tard, quand elle se transforme, devient, par un simple développement de son activité jusqu'à cette heure concentrée, d'absolu relatif, ou d'immanent variable.

La *vie* en elle-même est activité, mais activité diversement applicable. Fixe quoique contingente, elle réalise la forme cristalline dont l'immanence est le caractère fondamental. Fluente, mais se contentant encore de fluer d'une manière constante, elle produit la forme végétale, chez laquelle le devenir se déguise à demi par la lenteur et la continuité de sa marche régulièrement insensible. Du reste, toute vie se manifeste incontestablement par ses différents modes respectivement absolus d'application ou ses effets spéciaux. Ces modes ou ces effets spéciaux de la vie dite *minérale*, nous les avons indiqués précédemment, en nommant l'*affinité*, la *cohésion* et l'*adhésion*, qui en sont comme les trois genres, tous subordonnés (comme il a été dit § 8) à l'*attraction*. Les modes ou les effets spéciaux de la vie *végétale* qu'il s'agit actuellement de reconnaître par l'analyse, devant être d'une tout autre nature, seront de leur côté subordonnés à la *répulsion*, et nous les nommerons, le moins improprement que nous pourrons, *antagonisme*, *écartement*, *annulation*. Si nous nous étions laissé guider ici par le simple enchaînement des idées vulgairement adoptées en physique, nous aurions substitué, dès le § 4, à ces trois forces spéciales, celles de *pesanteur*, de *légèreté* et d'*inertie*, qui ne s'en éloignent guère et sont d'ailleurs en vogue; mais on comprendra bientôt que nous n'y pouvions consentir. D'après ce que nous disions tout à l'heure, les nouvelles forces spéciales doivent avoir un caractère marqué de répulsion', et ce caractère, que la *pesanteur* ne révèle que très-implicitement au contact par l'idée de fatigue ou de gêne qui l'accompagne, se révèle au contraire très-explicitement dans l'*antagonisme*. De même, en effet, que nous avons pu définir l'*affinité* : une attraction particulière ou déterminée, propre à certains êtres et non à tous (comme l'attraction universelle), nous pouvons définir immédiatement l'*antagonisme* : une répulsion particulière ou déterminée, qui ne se manifeste pas toujours, mais seulement dans certains cas où la convenance se change pour plusieurs êtres en opposition, et fait ainsi succéder pour eux la répulsion à l'attraction. L'antagonisme est donc une simple répulsion relative. Quand cette force parti-

4.

culière s'exerce, elle se comporte, au degré près, comme la répulsion universelle, et elle fait qu'un être ou qu'un élément, au lieu de se rapprocher d'un certain point *central*, s'en écarte et semble le fuir ; en raison de ce changement du sens du mouvement, le point central prend le nom de *foyer*. Mais il existe, avons-nous dit (§ 8), une limite à toute attraction particulière et contingente ; et comme là où l'attraction ne peut plus avancer, il y a *pression*, là où la répulsion ne peut plus aboutir, il y a pareillement tendance à se porter en avant mais en dehors, ou bien effort vers le haut, *légèreté* relative et *ressort*. Mais le ressort habite, comme la pression, au point de rencontre originaire des forces ; et l'on ne peut supposer dans le cas de ressort, comme dans celui de pression, que l'*objet* et le *sujet* ou le *terme* et le *principe* de la force ne sont pas séparés. Ici, l'objet ou le terme, qui fait en apparence opposition au sujet ou principe, vaut donc seulement pour le recevoir ou supporter l'action, comme passif ; et, tout autant qu'il ne réagit pas encore, il est supposé neutre ou comme nul. D'ailleurs, toutes les fois que deux êtres sont *absolument* constitués entre eux comme principe et fin, ils sont conçus ou posés *à part;* et si l'on ajoute à cela que, de fait, la fin est fin à tous égards dans l'ordre des applications du principe, l'être faisant fonction de fin est vraiment *nul* devant lui. Donc, comme l'*affinité* devient, en se modifiant, *cohésion* et *adhésion* dans le règne minéral, l'*antagonisme* se traduit pareillement en *écartement* d'abord, *annulation* ensuite, dans le règne végétal. Et si l'*antagonisme* fait pression par répulsion, l'*écartement*, effet immédiat de ce même antagonisme grossi de la pression, conditionne à son tour ce dernier résultat médiatement obtenu, qui consiste à faire apparaître les deux termes absolus de la relation *inertes*, neutrés ou comme non existants l'un pour l'autre. L'antagonisme est donc, sous ce rapport, répulsion pleine, absolue, parfaite, réelle au troisième degré; l'écartement est une répulsion formelle, apparente ou du second degré; l'annulation est, enfin,

une répulsion non apparente, à peine percevable
à l'esprit, et du premier degré.

19. Connaissant maintenant les forces propres
au règne végétal, nous avons à nous occuper d'en
reconnaître et signaler les produits apparents, qui
sont les éléments des végétaux. Avant d'entrer en
matière sur cette question, nous devons distinguer
entre les *éléments* des végétaux et les *végétaux* eux-
mêmes. Les *végétaux*, pris en eux-mêmes, sont
les produits complexes des éléments réunis; et
ces sortes de produits se divisent en trois parties
linéairement disposées, qui sont le *collet* au milieu, la *tige* vers le haut bout, et la *racine* vers
le bas. Les *éléments* des végétaux diffèrent des
éléments des cristaux : les éléments des cristaux
sont de simples points réels constitués en certains états primitifs dans lesquels on les appelle
atomes; les éléments des végétaux sont des atomes
déjà porteurs d'une forme cristalline déterminée
telle qu'elle peut exister chez des êtres ayant déjà
joui de cette forme, et nommés *cellules* dans leur

premier état respectif. Ce premier état cellulaire est, pour eux, le point de départ de deux modes spéciaux d'application, qui sont, l'un *horizontal*, et l'autre *vertical*. Dans le mode d'application horizontal, les trois éléments distincts de la végétation sont la *cellule*, le *secteur* et le *cercle*. Dans le mode d'application vertical, les trois éléments correspondants sont la *cellule*, la *fibre* et le *cylindre*. Nous traiterons ici d'abord des *éléments*, puis de *l'ensemble*.

20. Des deux modes d'application que nous venons de distinguer, *l'horizontal* est le plus radical comme condition obligée du suivant ou du *vertical*; mais le premier élément des deux est symboliquement le même, la *cellule*. Nous avons donc d'abord à parler de la cellule, en la considérant en premier lieu dans le système horizontal.

Le besoin de nous expliquer clairement au sujet de la cellule envisagée sous le premier point de vue, nous oblige à remonter ici jusqu'à *l'atome* et même jusqu'au simple *point* absolu réel.

Nous distinguons trois sortes de réalités absolues subsistant originairement sous la forme de point, ou (ce qui revient au même alors) trois sortes de points, savoir : le point *plein*, le point *vide* et le point ni vide ni plein, ou neutre et *rudimentaire*. Le point *plein* est celui chez lequel les deux termes *sujet* et *objet* d'une activité radicale absolue se confondent en un ; c'est pourquoi, saturée dès le premier instant, elle ne peut plus s'exercer comme il est supposé qu'elle l'a déjà fait pour se mettre dans son état actuel. Le point *vide* est celui chez lequel l'activité radicale absolue qu'il implique, se dépouille, par la pensée, de l'état réel précédent ou plein, et n'en retient ainsi, de fait, que la simple forme sous laquelle elle fonctionne désormais comme point vide, imaginaire. Le point neutre ou *rudimentaire*, enfin, est celui chez lequel l'activité radicale absolue toujours persévérante en elle-même, faisant table rase des deux états précédents (*plein* et *vide*) envisagés tous deux comme réels, mais les maintenant hors de soi tous deux comme imaginaires, se réserve ou s'attribue la seule position absolue dégagée de tout plein et vide actuels et, par là-même, d'autant plus capable de l'un et de l'autre. Ces trois points peuvent être clairement représentés par deux *sphères*, l'une pleine et l'autre vide, d'abord séparées, puis contiguës, mais dans ce dernier cas redoublées en sens inverse, et, par annulation respective, se réduisant alors (en superposition) au *simple point*.

Ayant déjà l'idée de *sphère*, nous avons implicitement aussi l'idée de *cellule* ; mais, avant d'arriver distinctement à cette dernière idée, nous devons passer par celle d'*atome*. Cette idée d'*atome* surgit au moment où l'on commence à concevoir le simple point dont nous parlions tout à l'heure, *intrinsèquement doué d'intensités sphériques différentes, ou bien circonvenu de sphères imaginaires pleines et vides inégales.* Ainsi considéré, l'atome est, évidemment, imaginairement multipliable sans fin, ou peut exister en nombre quelconque ; mais, par là même, il doit pouvoir encore former toute sorte d'agrégats différents,

et voici pour lors comment il est possible de concevoir que cela se pratique. D'abord, les atomes
plus pesants se placent naturellement au centre
de l'activité radicale absolue, les atomes moins
pesants ou plus légers se disposent au contraire
tout autour ; et, comme originairement on peut
bien réputer un seul atome pesant et tous les
autres légers, le point pesant forme le centre, et
les points légers disposés tout autour figurent
l'enveloppe. Cet ensemble-là nous représente dans
sa totalité l'idée d'*atome*, suivant la définition
que nous en avons donnée, car il nous apparaît
dépendant tout entier, pour sa formation, d'un
seul être central ; mais l'atome actuel diffère cependant de l'atome primitif, en ce que, à la différence de ce dernier qui ne comportait que des
sphères *imaginaires* autour du centre, il suppose,
lui, le nouveau centre investi d'êtres *réels* capables de *recevoir* son action. L'idée du nouvel
atome répond donc à celle de *molécule* ; et ce qui
fait la vraie différence de l'*atome* à la *molécule*,
c'est que l'atome proprement dit se compose d'un

seul centre de fait et de droit investi d'autres positions exclusivement imaginaires, lorsque l'atome
improprement dit ou la molécule admet, à côté
d'un centre fondamental ou nécessaire de droit,
d'autres centres possibles et contingents dont l'activité respective (allant de l'un à l'autre) suffit à
caractériser d'une manière particulière l'enveloppe, en la rendant de ronde polyédrique. Mais
ce n'est pas tout ; il n'est pas impossible que le
centre fondamental, déjà descendu par hypothèse
du triple degré de puissance à la double nécessité
de fait et de droit, perde encore l'apanage de la
nécessité de droit, pour ne retenir que la simple
nécessité de fait ou d'acte. Alors l'être central est
simplement l'aîné des autres êtres qui l'entourent,
et le tout devient éminemment accidentel : il n'y
a plus d'atome, ni même de molécule, mais une
simple masse figurée.

Dans ce que nous venons de dire de l'atome,
nous avons obtenu trois cas distincts, savoir : un
premier cas où le centre réunit toute puissance de
fait, de droit et de raison pure ; un second cas

où le centre joint encore la puissance de droit à
celle de fait ; et un troisième cas où , la puissance
de fait lui restant seule , il n'a rien qui le distingue en définitive des autres êtres réels disposés à
l'entour. Or il est immédiatement manifeste que,
dans le premier cas, l'être central est tout, et que,
dans le troisième, il n'est rien, en puissance réelle.
C'est donc dans le second cas seulement, qu'étant
quelque chose sans être tout, il fonctionne vraiment comme puissance intellectuelle ou relative,
c'est-à-dire , comme *second* sujet présidant à
l'emploi des produits du *premier* sujet, ou du sujet
physique naturellement soumis à son action. Ce
premier sujet , agissant sous l'immédiate et première direction du *second* sujet, plus relevé que
lui par l'idée, réalise, avons-nous dit tout à l'heure,
des composés polyèdriques dont la construction,
alors régulière ou du moins symétrique et fixe,
les assimile justement aux produits *cristallins* du
règne minéral, qui ne sont pas autre chose. Mais
la construction cristalline, quoique fixe, ne dure
pas toujours ; et quand , alors, un cristal a cessé

d'exister, la forme cristalline qu'il offrait, et qu'il faut bien distinguer de la construction physique elle-même, n'est pas incapable de se poser à part et de se conserver, comme type, dans la mémoire ou la pensée de chacun des êtres individuels associés en elle. Ces êtres, même séparés, en retiennent donc désormais le souvenir ou l'image; bien plus, parce qu'ils en retiennent l'image, ils sont imbus de *tendances* à reproduire en tout ou en partie la même forme dans leurs relations subséquentes; et comme il entre, d'après ce que nous savons déjà, dans la nature des cristaux, d'offrir trois genres d'action (affinité, cohésion, adhésion), d'être impénétrables par certains côtés et pénétrables par d'autres (faces de clivage), et de constituer enfin des Touts où les forces vont en décroissant du centre aux extrémités, leurs éléments désagrégés, dont l'état interne est constitué sur ce type, ressemblent, quoique ronds par leur forme abstraite et générale, à des polyèdres imaginaires temporairement déguisés sous cette forme. Leur nature est donc en quelque sorte mixte, ils sont ronds à la surface et polyédriques dans le fond ; ou bien encore ils sont organisés et ne le sont pas, ils ont une organisation latente qui demande de l'exercice pour se produire au dehors ; et, les noms d'*atome* ni de *molécule* ne leur convenant plus dans ce nouvel état, on leur donne celui de *cellule*. Une *cellule* est donc *un être rond organisé dans son centre.*

Les cellules, en s'unissant, donnent naissance au *tissu cellulaire.* On ne saurait dire que cette union des cellules entre elles arrive en vertu des deux premières forces du règne minéral, ou de la *cohésion* et de l'*affinité*, dont la destination est d'être à l'avenir masquées par la troisième, ou l'*adhésion* ; il faut donc l'attribuer exclusivement à ce dernier agent, et regarder désormais ce même agent comme ayant la haute main, après la retraite apparente de la cohésion et de l'affinité, sur tous les événements. Toutefois, parce que l'*adhésion* est redevable à sa préalable subordination aux deux premières forces de devenir *souveraine ou générale* à son tour, elle doit se prêter au triple mode de manifestation de toute force absolue de cette espèce, et se comporter en conséquence, d'abord comme universellement *attractive*, puis comme spécialement *répulsive*, et enfin comme particulièrement *impulsive*. Des deux modes *attractif* et *répulsif* de l'adhésion censés simultanés résultent, suivant leur degré plus ou moins avancé d'application linéaire ou superficielle, les trois sortes d'arrangements systématiques que l'observation constate et qui sont, en empruntant ces dénominations à l'ordre de choses où ils dominent, le *stellaire*, le *minéral* et le *végétal*. L'arrangement *stellaire* est celui dans lequel les cellules se disposent systématiquement *à distance ou sans se toucher*, comme les astres dans l'espace. L'arrangement *minéral* est celui dans lequel les cellules se juxtaposent avec contact et même en se pressant plus ou moins, mais sans pour cela se déformer notablement. L'arrangement *végétal*, enfin, est celui dans lequel les cellules, sensiblement déformées, s'allongent dans un certain sens à déterminer, et se raccourcissent en sens con-

traire. Du mode purement *impulsif* de l'adhésion, viennent les mouvements rotatoires ou autres observés entre les cellules déjà reliées entre
elles, mais libres pourtant de circuler autour de
quelque point central, comme les astres du firmament ou les matières fluides toujours en mouvement dans les organismes animés, ainsi que
nous allons dire.

21. Du *premier* élément du mode horizontal
d'application de la force absolue végétale ou de la
cellule, au *second* élément que nous avons nommé *secteur*, la transition est un peu brusque. Ce
n'est pas un défaut ; car, si ces deux éléments
se suivent en effet, ils doivent être entre eux,
suivant la méthode générale, comme *réel* et *formel*, et c'est effectivement là la cause de la dis-
sonnance qu'on remarque. Si, d'ailleurs, un secteur est un simple produit *formel*, qu'on veuille
bien ne pas oublier que l'idée de *cellule* nous a
déjà placés sur ce terrain, puisque la cellule en
soi, dégagée de l'être réel qu'elle comporte, n'est

qu'une forme ronde de sa nature, Entre la cellule et le secteur, il y a seulement alors cette différence, que la cellule caractérise de plus près que le secteur l'être réel ; et voilà pourquoi le premier de ces caractères apparaît moins abstrait que l'autre : c'est une affaire de temps ou de distance.

Par le mot *secteur*, nous ne voulons ni ne pouvons donc désigner un être réel dont cette idée de secteur constituerait l'état absolu respectif, comme on pourrait le dire de l'idée cellulaire ; mais nous pouvons et nous devons pourtant désigner par ce mot : un être relativement envisagé, dont l'action ou l'application propre se révèle habituellement sous cette forme. Car, comme nous l'avons admis déjà, la force absolue végétale, qui doit différer de la minérale comme la seconde dimension de la première (§ 17), implique, après la production du règne minéral dont le caractère dominant est la *fixité*, l'apparition du caractère opposé constitué par la *variation*, mais par la variation censée constante encore, et par conséquent non purement actuelle ; et toute variation de cette dernière espèce né saurait être mieux représentée que par la *disposition circulaire* uniforme. Donc, après que le mouvement circulaire s'est une fois installé de fait élémentairement ou mieux sans distinction de parties dans la cellule en vertu de la force absolue végétale à son début d'exercice, il doit, recevant d'elle son développement naturel hors du régime cellulaire, évidemment trop restreint et non définitif, s'installer nouvellement d'une façon plus nette, non toutefois en projetant au dehors (comme par la tangente) un ou plusieurs rayons pareils aux lignes fixes des cristaux, mais bien en offrant ces mêmes rayons saisis d'une disposition annulaire sensible comme *simples* au centre et *répandus* à l'autre bout; c'est pourquoi le produit de la vitesse angulaire alors en jeu dans l'unité d'instant formel, n'étant plus la cellule et ne pouvant pas encore être le cercle, peut et doit seulement être nommé *secteur*.

Dans ce nouveau cas, la force absolue végétale n'a plus affaire avec un seul être réel; car elle en suppose au moins deux en présence et relation ; mais elle conserve pourtant toute son unité réelle, en ce qu'elle siége en un seul comme actif, et réduit l'autre à recevoir seulement comme passif l'influence active du premier qu'elle anime. Au lieu d'un seul terme, nous en avons donc deux, mais nous n'avons qu'un produit complexe composé de l'action immanente du premier être fonctionnant comme *centre*, et de la passion continue du second fluant sous forme d'*arc* ; et c'est alors à l'ensemble de ces deux vues simultanées que s'applique à juste titre la dénomination de *secteur* végétal.

22. En concentrant tout à l'heure notre attention sur deux êtres cellulaires entre lesquels la force absolue végétale serait très-partialement répartie, comme montrant toute l'action d'un côté, toute la passion de l'autre, nous avons impliqué par là même, entre ces deux êtres un *vide profond* qui ne se mesure pas par la simple distance qui peut régner entre eux, mais que cette même dis-

tance aide très-bien néanmoins à saisir ; car il est impossible d'admettre là que l'immobile et le mobile ne sont qu'un. Mais est-il nécessaire que ce vide ne soit occupé par aucun être, et ne peut-on supposer, par exemple, qu'une fine matière, indifférente à leur opposition, se glisse dans les interstices, et non-seulement les remplit, mais participe encore physiquement au mouvement de l'être subordonné ? Certes non ; car, où il y a du vide, il y a de la place pour tous les neutres qui ne trouvent pas à se caser ailleurs ; et de cette manière, il est possible que le secteur que nous disions naguere composé de *rééls* à ses seules extrémités *centre* et *arc*, apparaisse *plein* dans toutes ses parties. Mais, entre cette matière fine flottant dans le vide et les êtres placés aux extrémites *centre* et *arc* qui la contiennent, il peut se développer encore par adhésion des attractions qui la fixent (suivant des lois à déterminer) ou vers le centre ou vers l'arc ; il est donc possible que le centre grossisse en dehors, et que l'arc s'épaississe en dedans. De plus, nous n'avons considéré, jusqu'à cette heure, qu'un cas de relation entre un arc et un centre donnés , parce que nous supposions la force absolue végétale aux prises avec deux êtres seuls, respectivement constitués comme actif et passif. Or, il est parfaitement permis de supposer qu'un être actif animé de la force absolue végétale contienne sous soi plusieurs êtres passifs simultanément astreints à jouer le même rôle ; et si nous tenons compte ici de l'origine de la force absolue végétale, nous le devons. Car cette force s'établit justement au milieu des données de la cristallisation ; et quand elle agit alors par elle-même en apparence , elle agit toujours secrètement déterminée par la forme cristalline dont elle conserve le type ; c'est pourquoi, comme la forme cristalline embrasse toujours plusieurs sommets sous chaque face, la force absolue végétale, qui voit une fin dans chacun de ces sommets, doit se comporter envers tous comme envers un seul. Ce n'est donc pas avec un seul être mais avec plusieurs êtres, que le centre présupposé naguère actif entre en relation de moteur à mobile ou de centre à arc ; ou bien, de même qu'il se forme un secteur, il s'en forme toujours du même coup plusieurs dans un même plan horizontal ; et par conséquent, comme il est naturel à tous ces secteurs réunis dans un même plan, de former en général un cercle, le *cercle* est bien en définitive le dernier produit de la force absolue végétale dans son mode d'application horizontal [1].

Un *cercle* une fois produit est, comme toute première face d'un cristal, une *couche* qui en demande une autre, car il est à la force productrice comme l'acte à la puissance. Il faut donc que le végétal commencé grossisse, c'est-à-dire croisse vers le dehors ou le dedans, ou mieux vers le dehors et le dedans tout à la fois, comme il a été dit.

23. Après le mode d'application *horizontal*

---

[1] Tout végétal n'est pas cylindrique ; mais cela renforce notre thèse, au lieu de l'affaiblir, ainsi qu'il est aisé de le comprendre.

vient le *vertical*, dont les trois éléments respectifs sont la *cellule*, la *fibre* et le *cylindre*. Ainsi , l'ordre de nos idées nous oblige à reparler de la cellule sous le nouvel aspect.

En disant naguère (§ 21) que l'avènement du secteur végétal présuppose deux êtres , nous n'avons pas voulu dire que ces deux êtres sont par là même déjà distincts par leurs fonctions ou leurs rôles formels, car, à cause de la pleine passivité de l'un en face de la pleine activité de l'autre, il est inévitable qu'ils se confondent tous les deux dans une seule et même représentation circulairement plane. Il en est maintenant autrement dans le second fonctionnement de la cellule , qui consiste à la poser en principe de la fibre et du cylindre. Pour nous rendre raison de l'aptitude de la cellule à produire ou ménager ce nouvel effet, nous partirons de cette observation que la force absolue végétale , telle qu'elle se manifeste dans son premier exercice (l'horizontal), est une simple force d'expansion plane où sa dilatation se révèle par un vide au moins relatif et plus on moins sensible, entre le *centre* et la *circonfé-rence* donnés. Car, dans ces conditions primitives, le développement obtenu n'est pas seulement d'origine purement interne, il s'accomplit en outre suivant deux dimensions seulement ; et comme cependant, dans la cellule, il n'y a pas seulement en principe deux, mais trois dimensions à la fois, il résulte de là que la force absolue végétale, déjà traduite en deux dimensions, doit encore, pour accuser la troisième, s'exercer perpendiculairement aux deux autres ou à leur plan, en s'étendant verticalement vers des pôles réels ou imaginaires situés en sens opposé l'un de l'autre sur l'axe passant par le milieu du cercle déjà décrit. Nous disons : vers des pôles *réels ou imaginaires*, mais nous pourrions dire tout aussi bien : *réels et imaginaires*, car ces deux points de vue peuvent être simultanés. Constatons d'abord l'imaginarité. Supposé qu'une force de projection verticale existe, dans quelque sens que ce soit, normalement au plan circulaire déjà construit, elle doit clairement (à l'intensité près)

se manifester également à tous les points *réels*
de ce cercle, que nous savons être situés, l'un
au centre, les autres à la circonférence. Mais, au
centre, il est évident que la verticale doit être
perpendiculaire au plan fondamental ; et comme,
pris *absolument*, les points réels situés sur la
circonférence ne le cèdent en rien au point réel
central, ils doivent être capables d'opérer chacun
comme il opère, ou bien la verticale élevée sur
chacun d'eux doit être encore perpendiculaire à
leur plan ou parallèle à la perpendiculaire du
point central. Or, comme on sait, des parallèles
ne peuvent jamais concourir qu'à l'infini, c'est-
à-dire, leur point de réunion appelé *pôle* est
pour elles imaginaire. Il y a donc d'abord, soit
au-dessus, soit au-dessous du plan circulaire
fondamental, un pôle *imaginaire* ou possible.
Mais, indépendamment de ce premier genre de
pôle, il est possible et même nécessaire qu'il existe
un autre genre de polarité *réelle*, impliquant
l'actuelle convergence des verticales annulaires
vers un seul et même point de la verticale cen-

trale pris , soit au-dessus,'soit au-dessous du cercle et à une distance finie de son centre ; car la
force absolue *végétale* , actuellement en fonction,
n'est point tout à fait libre de précédents ; et nous
savons déjà qu'elle intervient après la *minérale*,
pour en faire valoir ou s'en approprier les produits. Or, la forme minérale est toujours fermée
dans les cristaux. Donc la force absolue végétale,
héritière du premier règne , doit avoir une tendance incessante à réaliser encore des produits
fermés dans tous les sens. Il faut donc que les
verticales d'abord élevées perpendiculairement
sur le plan circulaire tout autour de son centre,
convergent plus ou moins rapidement, et tôt ou
tard atteignent ainsi l'unité qui leur fait défaut
dans le principe. Quand , maintenant, cette disposition réelle commence à se manifester dans la
cellule, il n'est plus possible d'imaginer qu'elle
ne semble germer et se roidir plus ou moins ,
contrairement au fait de simple élargissement ,
usité dans le mode d'application horizontal. Au
moment donc où la force de projection verticale

vient l'animer elle seule, la cellule s'*allonge* dans son sens, ou bien elle prend une apparence de vaisseau fermé par les deux bouts, et son développement n'est plus, cette fois, purement apparent, mais doué de force, et relativement ferme ou puissant.

24. La cellule considérée dans son second état est, maintenant, un tout *formel* que nous pouvons décomposer pour en déduire la *fibre*, comme déjà (§ 22), la considérant dans son état immédiat et primitif, nous avons pu la composer (traduite virtuellement en secteur multiple), pour en déduire le cercle. Revenons en effet ici sur cette observation que le cercle équatorial, issu de la cellule primitive, se compose d'un nombre infini d'*arcs* distincts, ou mieux de points arrondis, *circulairement* disséminés (ou même peu' être contigus), correspondant, chacun, à l'un des sommets cristallins, situés dans un même plan, d'où part la force absolue végétale se projetant linéairement vers les pôles haut ou bas. Nous

5.

plaçant à ce point de vue , nous comprenons aussitôt que la vitesse de projection , dont l'effet général est d'allonger la cellule entière vers le haut ou vers le bas , a nécessairement aussi pour effet particulier d'allonger, dans le même sens ou verticalement , tous ceux des points intégrants de la circonférence annulaire qu'elle anime. La même force qui nous donne, quand elle est *réelle*, une cellule allongée, nous donne donc , quand elle est *formelle*, ou s'applique à un amas systématique de cellules, un ensemble de cellules allongées, les unes disposées bout à bout le long d'un seul et même axe imaginaire et central, les autres (déjà disposées côte à côte dans un certain sens) s'accompagnant et s'entortillant même dans un autre sens, suivant des lignes faiblement convergentes et se réunissant toutes ensemble comme les méridiens aux deux pôles. Les lignes réelles ainsi composées de cellules allongées et disposées verticalement l'une à la suite de l'autre, correspondent à ce que nous avons appelé *fibres*.

L'expérience constate parfaitement l'exactitude

de l'idée que nous venons de donner de la *fibre* ; car elle nous la montre étrangère au mode d'application *immédiat ou primitif* de la force absolue végétale, et propre au mode *médiat ou secondaire*. Personne n'ignore que si l'on prend une tige ou branche quelconque d'un végétal, on la peut diviser sans peine dans le sens longitudinal, mais très-difficilement dans le sens transversal. Ce qu'on nomme là longitudinal et transversal correspond à ce que nous avons nommé vertical et horizontal. Il n'y a donc point de fibres ou de lignes fermes allongées dans le mode d'application horizontal ; et si quelquefois on y en trouve l'apparence, ces fibres apparentes, toujours très-faciles à rompre, sont de simples *prolongements médullaires* redevables de leur agrandissement aux courants d'activité déjà connus, reliant le centre aux origines ou fins des arcs, et dont l'effet est de rendre saillante la position respective des sommets cristallins disposés en cercle autour du point central[1]. Aussi trouve-t-on aux

---

[1] Nous ne parlons ici que des tiges ; mais on ne doit pas

fausses fibres ainsi constituées la simple apparence des rayons d'une roue ou des lignes horaires d'un cadran. Au contraire, les lignes réelles verticales, qui sont les vraies fibres, se distinguent essentiellement du tissu cellulaire par leur force ou la faculté qu'elles ont de ne pas être également divisibles en tout sens ; elles offrent encore cette propriété remarquable, qu'au lieu d'aller en *grossissant*, comme les précédentes, du centre à la circonférence, ou *vice versâ* dans un seul et même plan, elles *s'allongent* en convergeant toutes ensemble, mais pourtant chacune dans un plan particulier, vers un seul et même point qui n'est plus centre mais pôle. La *fibre* est donc incontestablement une seconde formation de la cellule se convertissant de l'état absolu réel à l'état relatif imaginaire, ou bien à cet état dans lequel le but qu'elle poursuit n'est plus immédiatement pré-

---

oublier que la même disposition ressort quelquefois avec évidence dans les vaisseaux des racines, qui sont groupés en séries simples ou souvent partagées en V, et dirigées comme des rayons par rapport à l'axe de la racine.

sent, mais bien tout d'abord distant à l'infini et simplement possible ou futur.

25. La fibre étant un prolongement de la cellule dans le sens vertical, nous n'avons pas de peine à déduire de là l'existence du cylindre. Tout point réel compris dans la circonférence annulaire fondamentale pouvant servir d'origine à une fibre, il y a naturellement autant de fibres que de semblables points. Multipliant alors le nombre de ces points jusqu'à rendre le contact inévitable entre eux, nous obtenons un espace respectivement vide limité de toutes parts par une ceinture ou *surface continue* ronde à son origine et qui, dans un cas (l'imaginaire), ne s'infléchit ou ne se rétrécit jamais en haut ou en bas qu'à l'infini, bien que, dans un autre (le réel), elle s'infléchisse sensiblement après un certain temps. Or toute surface continue ronde à sa base, qui ne s'infléchit point ou reste sensiblement droite pendant un certain temps, est une surface cylindrique. Le *cylindre* est donc le troisième élément du mode d'application vertical.

26. Les six premiers éléments du règne végétal une fois connus, il nous reste à parler des
trois derniers, résultant des précédents qu'ils
présupposent, et nommés *collet, racine* et *tige*.

Le premier de ces trois derniers éléments est
une nouvelle modification essentielle de la cellule, que déjà nous avons vue fonctionner de
deux manières différentes. Ainsi que nous l'avons
fait souvent observer dans ses deux modes d'application *horizontal* et *vertical*, la force absolue
végétale s'exerce toujours en trois *moments* distincts, mais suivant deux *directions* opposées,
qui nous donnent alors, horizontalement, la cellule, le secteur et le cercle ; verticalement, la
cellule, la fibre et le cylindre. Lorsque, maintenant, la force absolue végétale fait marcher ensemble ces deux premiers modes spéciaux d'application, elle accomplit un double mouvement
très-réel en *sens* contraire, en ce que, conformément aux explications déjà données, elle se montre essentiellement, dès le début de l'exercice
horizontal (§ 22), *expansive* ou dilatante, et au

terme de l'exercice vertical (§ 25), *contractive* ou rétrécissante. La voilà donc alors deux fois dédoublée pour ainsi dire, comme décomposée, d'abord en deux exercices *successifs* perpendiculaires l'un à l'autre, puis en deux exercices *simultanés* distincts, mais opposés de sens. Il résulte de là que, quand le premier des deux exercices successifs (l'horizontal) gagne à la faveur du premier des deux exercices simultanés (l'expansif) qui lui convient de préférence, le second des deux exercices successifs (le vertical) doit gagner aussi par la même raison ou de la même manière, car ce dernier a pour base ou point de départ le précédent ; c'est pourquoi, si l'horizontal croît, le vertical croît aussi. Mais, en même temps que ce second exercice gagne, d'une part, par héritage du premier, il doit, d'autre part, perdre sans cesse en raison du second des deux exercices simultanés (le contractif) qui sert à le différencier (en *sens*) du précédent. Le premier et le second exercice *successifs* nous offrent donc un cas d'antagonisme complet, puisque en eux les directions et les sens diffèrent à la fois ; et leur fonctionnement *simultané* n'est dès-lors possible qu'autant qu'ils sont et restent distincts ou *relatifs*, comme on l'a dit ou supposé des trois Parques dont, tandis que l'une tenait la quenouille, l'autre filait, etc. Imagine-t-on au contraire, en remontant jusqu'à l'*absolu*, de les faire coïncider en un seul et même acte qui serait, à ce point de vue, seul réel : alors, leur fonctionnement simultané n'étant plus possible comme contraire, ils se suspendent l'un l'autre en passant de l'état d'acte à celui de tendance, ou bien ils deviennent immanents et simplement aptes à devenir de nouveau réels quand il y aura lieu, sous une forme particulière réalisable en tous temps et lieux propices , mais de prime-abord non actuelle. La cellule ainsi grossie intérieurement de ces deux premiers états devenus intensifs, mais encore développable à sa manière, ainsi que nous le dirons bientôt, est la même chose que ce que nous avons voulu nommer *collet*, c'est-à-dire, que cette partie du végétal d'où devront sortir la racine et la tige.

27. Le *collet* est comme un *genre* qui, dé-
composable et décomposé, donne naissance aux
deux *espèces* subordonnées, manifestées par la
racine et la *tige*. Il y a d'abord, comme il a été
dit, dans le collet existant à l'état isolé de germe,
deux tendances virtuelles implicites ou concen-
trées en lui, dont l'existence est par conséquent
tout à fait distincte de leur apparition au dehors;
et par suite de cette distinction radicale, s'il leur
arrive de se poser réellement au dehors, cette
nouvelle position de leur part est tout à fait contingente. Or, dès qu'une chose se produit accidentellement, elle est forcément d'une telle nature que le sujet qui la produit ne se suffit point
seul à la produire, mais réclame au dehors une
cause d'excitation qui le détermine à faire en concours ce qu'il ne peut et ne doit faire que là.
Dans le collet, jusqu'à provocation externe, la
force d'antagonisme et d'écartement est donc
comme *annulée* provisoirement ou dormante
(§ 18); et pour qu'elle s'éveille, il faut en pré-
supposer une autre extérieure et toujours éveillée

qui s'en distingue, et qui rende raison de ces effets contingents. Comment il est toutefois possible à celle-ci d'exciter l'autre, nous ne l'avons point encore dit ; mais la chose n'est pas difficile à concevoir : l'externe excite l'interne en opposant contraire à contraire. Le collet à l'état isolé de germe contient, avons-nous dit, deux forces relatives opposées, l'une dont le sens est répulsif, l'autre dont le sens est attractif, et voilà l'*ad intrà*. Supposé qu'alors la cause externe, fonctionnant en sens contraire, se présente comme attractive à l'interne, elle ouvre un débouché réel à la force répulsive de cette dernière ; et le corps végétant, tout en croissant par répulsion, paraît attiré du dehors vers le centre extérieur d'attraction qui le provoque ou l'influence par simple concours. Au contraire, supposé que la cause externe, fonctionnant en sens contraire, se présente comme répulsive, elle convient parfaitement sous ce rapport à la force attractive de l'interne, qui lui permet sans difficulté de se développer dans son sein, et qui, quoiqu'elle attire alors, ne laisse point de repousser équivalemment encore ; car, la cause externe n'étant point ici (comme générale) susceptible de variation ou de déplacement, il faut que l'interne, ne la voyant pas venir à soi, se dilate vers elle pour l'atteindre et simule ainsi la répulsion dans son propre siége, où pourtant l'attraction seule l'inspire. Donc, soit que la cause *externe* d'excitation attire, soit qu'elle repousse, la cause *interne* résidante dans le germe se comporte, ou paraît se comporter incessamment comme répulsive, et, bien que le végétal soit parcouru par deux courants dirigés du dehors au dedans en sens contraire, il se développe constamment lui-même du dedans au dehors en deux sens contraires encore, l'un nous le montrant susceptible d'accroissement vers le bas, et l'autre vers le haut.

Que faut-il entendre ici par ces deux dénominations *bas* et *haut* ? La réponse à cette question nous est implicitement fournie d'avance par les conditions mêmes du problème. La cause *externe* que déjà nous avons admise en principe, est radicalement indépendante de l'*interne*, qui ne s'exercerait point sans son concours ; et, ce concours que l'externe prête à l'interne, elle le prêterait également à plusieurs internes, s'il y en avait plusieurs co-existantes ensemble ou séparément. La cause *externe* est donc une cause générale de sa nature, et une condition de système pour plusieurs êtres réunis. Quand donc elle attire, elle est donc également attractive pour tous les êtres du système ; et quand elle repousse, elle est également répulsive pour tous. Or, une telle force absolue, siégeant à la fois à deux points symétriques opposés d'un système donné d'êtres individuels, correspond justement : d'une part, à l'attraction qui nous montre tous les végétaux dirigeant en commun leurs racines vers le centre de la terre ; et, d'autre part, à la répulsion apparente par laquelle ils élèvent universellement leurs tiges perpendiculairement à sa surface dans toutes les directions. Le *bas* est donc le centre de la terre, et le *haut* est, pour tout être animé de la vie végétale, l'extrémité contraire de la ligne passant par le centre de la terre et le lieu de cet être à la surface terrestre. Ce qu'on appelle alors *racine*, c'est le produit de l'accroissement vers le bas ; et ce qu'on appelle *tige*, c'est le produit de l'accroissement vers le haut. Ces deux accroissements ne sont pas identiques : la *racine* croît en stalactite, par le bout seulement ; la *tige* croît à la fois dans toutes ses parties, animées d'un commun esprit, qui doivent participer au profit comme à la peine.

28. Nous avons déjà constaté que la racine et la tige sont en somme au collet, comme les *espèces* au *genre*. Cela nous induit à penser qu'un troisième ordre d'existences respectivement *individuelles* est possible ; et, cherchant alors à déterminer ce dernier, nous le trouvons dans ce qu'on a coutume d'appeler *phylle*, c'est-à-dire, dans toute production végétale dirigée dans un sens intermédiaire entre l'horizontal et le vertical, et par conséquent, au lieu d'être convergente vers l'un ou l'autre pôle, s'en écartant de plus en

plus ou divergente. Nous nous expliquons cet épanouissement par deux raisons : la première est que, la *concentration au pôle* du second ordre d'existences végétales originairement dilatées sur la circonférence annulaire, se retrouvant réalisée de fait dans le collet, il est naturel d'admettre par opposition que la force totale répulsive dérivée de là se manifeste en recherchant précisément au dehors, de nouveau, l'expansion déjà goûtée dans la disposition annulaire. L'espèce de cône qui, dans tout végétal, part de son équateur pour aboutir au pôle, engendre donc sous ce rapport, à sa suite, une nouvelle espèce de cône ayant son sommet au collet et sa base au dehors, tant au-dessus qu'au-dessous du plan fondamental. L'autre raison nous apparaît dans la généralité du besoin d'expansion qui, se manifestant incontestablement au collet, soit vers le haut, soit vers le bas, doit aussi pouvoir se manifester concurremment en diagonale et vers les côtés à tous les degrés possibles d'inclinaison entre le cercle fondamental et le pôle.

Le végétal, une fois muni de toutes ses pièces intégrantes essentielles : collet, racine, tige et phylles, nous permet de vérifier en lui l'exactitude de la formule propre à le représenter, $\frac{Mg}{Vr}$. Nous déduisons l'exactitude de cette formule, de ce qu'elle vaut pour figurer à la fois, en tout végétal, l'unité de *genre*, la duplicité d'*espèces* et la multiplicité d'*individualités*. D'abord, la simple existence de la formule elle-même, ou bien de la relation actuelle qu'elle exprime au nombre singulier (car elle est une), signifie clairement l'unité du genre végétal. Puis, la duplicité d'espèce est, à son tour, expressément marquée par les deux termes : *numérateur et dénominateur* qui, quoiqu'ils doivent être envisagés à la fois pour représenter en totalité, soit la partie souterraine, soit la partie aérienne des végétaux, ne laissent point de signifier distinctement, l'un la concentration, et l'autre l'expansion ; deux fonctions spéciales opposées et radicales. Enfin, puisque (d'après ce qui vient d'être dit) le numérateur

représente la passion concentrée dans le collet ,
et le dénominateur l'action qui s'étale ou s'épa-
nouit au dehors , on voit que , si l'on fait croître
M , la végétation devient plus abondante ; comme
si l'on fait croître V, l'évasement conique, soit
vers le haut , soit vers le bas , est plus prompt ;
la même formule est donc propre à figurer tous
les cas de convergence ou de divergence possibles
entre les ramifications et le tronc. Ce n'est pas
tout ; comme les quantités M et V se correspondent en général, et qu'on peut même les supposer
absolument identiques en principe, on peut conclure de là que les divisions ou ramifications de
la tige et de la racine ne sont pas seulement en
nombre respectivement déterminé , mais encore
que , en raison de l'unité de genre , elles doivent
s'influencer réciproquement, et peuvent apparai-
tre dans leurs produits convertibles entre elles.

29. Nous n'avons considéré jusqu'ici (§ 25),
dans notre construction du végétal, que les *sommets cristallins* présupposés situés dans un

même plan pris pour base des cônes, allant aboutir aux pôles haut et bas, et nous n'avons rien dit des *autres sommets* des cristaux polyédriques, dont pourtant l'existence doit aussi se reproduire dans le végétal. Les premiers sommets présupposés situés dans un même plan pris pour base nous ayant offert l'*origine* des fibres ou lignes réelles verticales, les autres sommets non employés jusqu'à cette heure nous semblent devoir correspondre alors à la *série* des verticilles superposés d'étage en étage ; et si ces derniers nous apparaissent souvent contournés en spirale, nous ne devons pas en être surpris. Car, si la force absolue végétale circule dans tout verticille, elle doit clairement circuler encore dans leur ensemble, mais d'autant plus rapidement toutefois que le verticille est moins épanoui ; c'est pourquoi les points saillants ou productifs des uns et des autres ne se correspondent pas toujours et se déroulent au contraire généralement en spirale autour de l'axe fondamental.

Nous avons admis et constaté deux sortes d'accroissement *horizontal*, l'un consistant à superposer des anneaux du dedans au dehors, et l'autre à en superposer du dehors au dedans ; et deux sortes d'accroissement *vertical*, l'un dirigé vers le haut, et l'autre vers le bas. Ces deux accroissements concourants engendrent une successive superposition de cylindres ou de couches concentriques à l'aide de deux mouvements opposés ; car les deux couches qui tendent horizontalement à se rapprocher, jusqu'à finir par se confondre, accusent un mouvement absolu de concentration ; et les pôles réels haut et bas, qui tendent à s'éloigner sans cesse, accusent au contraire un mouvement absolu d'expansion. Dans tout végétal, au milieu des plus grandes complications, les actes fondamentaux de premier ordre ne sont donc jamais annulés ni suspendus, et l'on peut même voir qu'au fond, la concentration y marche toujours avant l'expansion. Au lieu de démentir notre système, l'observation la plus minutieuse des faits en devient de cette manière la confirmation la plus éclatante.

Est-il nécessaire de parler ici des *âges* des végétaux ? Nous ne le pensons pas ; car, outre que l'expérience est précise à cet égard, le phénomène se trouve assez expliqué par ce que nous avons déjà dit des cristaux. Un mot pourra suffire également, pour différencier les deux modes spéciaux, d'accroissement *minéral* et *végétal* : l'accroissement *minéral* se fait au moyen d'êtres déjà tout *semblables*, et par conséquent agrégés par juxtaposition, sans aucun acte d'assimilation proprement dite qui les y rende propres, puisqu'ils le sont déjà ; l'accroissement *végétal* se fait au moyen d'êtres de prime abord *différents*, et dès-lors nécessitant une certaine opération de transformation de l'un à l'autre, pour devenir aptes à s'approprier ou s'unir, le passif à l'actif ; c'est pourquoi l'agrégation d'alors n'est plus une simple juxtaposition, mais une assimilation ou *pénétration* au moins commencée, sinon parfaite. La transformation ébauchée dans ce dernier cas s'explique au moyen du mouvement *continu* que nous savons présider à la végétation, car un tel

mouvement implique changement par accroissement ou décroissement dans sa cause ou ses causes (§ 27), et tout ce qui change de la sorte
est évidemment variable ou transformable. Il y
a bien, sans contredit, un mouvement réel chez
les cristaux, comme le prouvent les faits d'hémitropie ; mais, là, les mouvements sont toujours
effectués de plus haut sans flux ni succession ; et
comme ils laissent tout à fait intacts les états
actuels des êtres en relation, on les peut réputer
simplement apparents. Il en est, maintenant,
tout autrement dans les végétaux : ici, le mouvement n'est pas seulement apparent mais réel,
car il change l'état ou la forme actuelle des êtres,
et l'être qui doit servir de *sujet*, plus puissant
que l'*objet*, a par hypothèse de quoi entraîner
l'objet dans son propre flux. Il y a donc, cette
fois, toute sorte de degrés possibles, dans la liai-
son qui s'accomplit ; et de cette manière l'*hémitropie* se change presque en *allotropie*.

Par le rapprochement et la comparaison des
deux règnes minéral et végétal, nous sommes

mis en état de comprendre encore comment les *axes primitifs* se développent souvent inégalement dans les cristaux (§ 14); cette inégalité provient de ce que, sur leurs trois axes, il y en a toujours un de neutre, quand les deux autres sont actifs, comme nous l'avons toujours supposé dans nos raisonnements; car, dans notre théorie, le végétal a même origine absolue que le cristal d'où il procède imaginairement, et si nous prenons alors pour l'axe du végétal l'axe neutre du cristal suivant lequel il ne s'exerce par hypothèse aucune attraction ni répulsion, ce sera bien normalement à cet axe que nous devrons supposer appliquées les forces *attractive* et *répulsive* élémentaires, dont l'effet commun est, quand elles s'appliquent à la fois, de produire un plan, et, quand elles s'appliquent l'une après l'autre, de produire le phénomène de vitesse angulaire ou circulaire. Où il y a circulation, il y a donc toujours respectivement un axe neutre, et cet axe neutre, comme neutre, doit alors forcément attendre et recevoir du dehors, pour s'allonger, la force accidentelle d'accroissement qui lui convient toujours sans doute , mais que pourtant il n'est pas en état de manifester seul ou de prime abord , comme les deux autres. Les trois axes peuvent parfaitement être neutres un à un dès le principe ou par essence , sans l'être pour cela deux à deux ou par paire. Pris deux à deux , ils ne sont donc jamais neutres , et la neutralité qui peut les atteindre séparément ou tour à tour, ne les affecte jamais ainsi tous à la fois , en quelque système que ce soit. Mais , chez les cristaux , il n'y a point de circulation , ni de composition d'axe par conséquent ; les trois axes sont donc toujours pris isolément , et de là vient qu'ils peuvent être tous inégaux.

Mais pourquoi, dans les cristaux, y a-t-il des angles aigus et des angles obtus par inclinaison du cristal sur l'une de ses faces , ou plutôt d'un côté que de l'autre ? Cette inclinaison des cristaux, que nous aurions eu de la peine à nous expliquer jusqu'ici , dépend de ce que leurs angles dyèdres et trièdres sont le produit de deux ou de trois forces indépendantes et convergentes en un cas, divergentes en un autre (car elles doivent être toujours unies au moins au *principe* ou à la *fin* de leurs actes), et non pas d'une seule. De l'indépendance respective de ces forces multiples en relation, *il résulte*, en effet, que leur union, toujours accidentelle et même facultative de leur part, peut ou ne pas atteindre ou dépasser à leur gré l'angle normal de 90 degrés qui demeure le type permanent de leurs actes, et que, par conséquent, entre elles prises deux à deux ou trois à trois, on peut observer, sous le rapport de l'*union*, la même graduation à l'infini qui se fait encore observer dans la *vitesse circulaire* instituant les verticilles, ainsi que dans le *déroulement en spirule* des lignes verticales qui s'en échappent, et dans l'*évasement conique* des phylles ou ramifications branchues et foliacées qui se déploient tout à l'entour.

Nous nous sommes figuré naguère la *cristallisation* comme une simple agrégation (symétrique) d'êtres semblables, et la *végétation* comme une

agrégation d'êtres rendus, de différents, semblables, au moment même où l'agrégation devient
et que l'union, désormais plus intime, s'opère.
Cet ordre d'idées peut être plus approfondi, si
l'on réfléchit que, plus un *objet* est indéterminé,
plus il est déterminable, et encore que, plus il
est déterminable, plus il est déterminant *ab extrà*
ou provoquant. On a la preuve de cette dernière
assertion en ce que, si l'on a, par exemple, des
écoliers à former, on aimera mieux les prendre
tout à fait novices qu'accoutumés à d'autres dis-
ciplines ; et dans les unions de cœur, on aime
mieux de même s'attacher à ceux qui n'ont jamais
aimé, qu'à d'autres. En règle générale, un objet
est, comme objet, d'autant plus attirant ou puissant, qu'il est plus objet et moins sujet, ou moins
déterminé mais plus déterminable; et cet empire-
là, tout objectif, est ce que nous voulions désigner
tout à l'heure en l'appelant déterminant *ab extrà*
ou provoquant. Provoquer est, en effet, bien
loin de signifier la même chose que faire. Un sujet
fait ou réalise, et mène les choses à fin; l'objet

qui s'abstient de pousser les choses jusque-là se contente de provoquer ou de faire faire. Dans ce que nous avons dit sur la cristallisation et la végétation, l'office de l'objet est donc d'influencer deux fois le sujet, savoir : une première fois par la note de ressemblance, une seconde fois par la note d'opposition. Que nous reste-t-il alors à faire, si ce n'est à trouver un cas où l'objet, présentant au sujet ces deux notes réunies quoique distinctes, l'appelle à réaliser par là même, en même temps que la *distinction* recouvre toute sa première apparence, la *fusion* d'esprit la plus intime ou la plus profonde qu'on puisse concevoir ? Après les deux règnes de la cristallisation et de la végétation, il y a donc un troisième *règne qui*, s'ajoutant à propos aux précédents, les applique et complète à la fois ; et ce dernier règne est celui qu'on appelle *animal*.

DU RÈGNE ANIMAL.

50. Nous ne nous sommes point appliqué jusqu'à cette heure à bien exprimer la *différence*

caractéristique qui sépare les deux règnes *mi-néral* et *végétal*; mais, dans l'intérêt de nos recherches prochaines sur le troisième règne, nous ne pouvons guère plus différer de l'assigner, et pour cela nous ferons observer qu'elle ne se tire point, comme le voudrait la méthode vulgaire, très-fautive à cet égard, de l'ordre physique extérieur, mais seulement de l'ordre métaphysique et *psychologique*, nous dirions presque *moral*, tant le dedans l'emporte ici sur le dehors. D'abord, cette différence *absolue* ne se tire point de l'ordre physique externe, qu'on sait être principalement fondé sur des considérations de *structure* et de *mouvement*; car il est impossible d'assigner à l'un des deux règnes minéral ou végétal un genre de structure ou de mouvement qui ne convienne absolument en aucun cas à l'autre. La structure, par exemple, se compose de points, de lignes, de surfaces, de solides; et sans doute on n'a pas coutume de donner les mêmes dénominations à ces choses dans les deux premiers règnes, le règne minéral se composant surtout d'atomes, de lignes

droites, de surfaces planes, etc.; le végétal, au
contraire, de cellules, de lignes courbes, de surfaces cylindriques, etc. Mais, au fond, il est bien
difficile, pour ne pas dire impossible, de distinguer radicalement ou physiquement la cellule du
simple atome; et, quoique on ne puisse nier
l'emploi différent des lignes et des surfaces dans
les deux règnes *minéral* et *végétal*, il est certain
qu'on trouve régulièrement des lignes droites et
des surfaces planes dans le second, aussi bien
qu'exceptionnellement des lignes courbes et des
surfaces arrondies dans le premier [1]. La *structure*
n'est donc point un moyen absolu, complet, de
différenciation entre les deux premiers règnes. Il
en faut dire autant du *mouvement*. Les deux mouvements dont jusqu'ici la présence est la plus
apparente dans le règne végétal, et qui sont les
mouvements *hyperbolique* et *circulaire*, ne suf-
fisent point à séparer nettement ce règne du règne

---

[1] Dans leur dernier *âge*, surtout, il est naturel aux cristaux de s'arrondir au dehors.

minéral; car ce dernier n'est pas al)lument incapable d'en offrir quelques traces. Dans l'hémitropie, par exemple, le règne minéral n'est pas
exempt de recevoir quelque atteinte du mouvement circulaire; et si l'on avait un moyen de suivre
des yeux les phénomènes de formation ou de
déformation des cristaux, tout porte à présumer,
puisqu'ils sont temporels, qu'on y retrouverait
des phases évidentes de mouvement hyperbolique. Ni la structure ni le mouvement ne séparent
donc irréductiblement l'un de l'autre les deux
règnes minéral et végétal. A défaut de tout moyen
physique extérieur, nous en proposons alors un
autre, spécialement mathématique, et qui consiste à partir des formules déjà données (§§ 14
et 28) $\frac{M}{V}$, $\frac{Mg}{Vr}$; car, l'absolue distinction des
deux règnes qu'il s'agit de trouver, elles l'offrent
immédiatement à l'esprit. Qu'est-ce qu'elles expriment, en effet? Si l'on y réfléchit bien, on voit
qu'elles expriment, toutes les deux, une relation
simple entre deux forces relativement envisagées,

mais telles que, dans le premier cas $\frac{M}{V}$ (en raison de l'absence de toute détermination propre),
elles sont *exclusivement relatives*, et que dans
le second $\frac{Mq}{Vr}$ (à cause de la détermination que
chacune y reçoit du dehors par l'accession des
facteurs (g et r), elles sont *respectivement absolues*. Or deux forces relatives, dont la face relative n'est relevée par rien (premier cas), se con-
centrent bien et dûment dans une seule et même
position absolue, simple et parfaite. Deux forces
relatives, au contraire, dont chacune est séparément déterminable et déterminée (second cas),
reçoivent de cette détermination le caractère d'absolue position qui leur manquait à l'origine, et
elles ne sont plus ainsi simplement relatives mais
respectivement absolues. La première formule
nous offre donc un cas de *position unique absolue* dans lequel, quel que soit celui des deux facteurs M et V qu'on envisage comme objet ou sujet, l'on n'a jamais devant soi qu'un sujet et qu'un
objet respectivement *imaginaires*, intelligibles ou

formels; et la seconde, au contraire, nous offre, dans chacun de ses termes Mg et Vr, un terme qui, capable de fonctionner à la fois comme sujet et objet, est censé jouir également, dans les deux cas, du privilége de la *position unique absolue* marquée par la première formule; c'est pourquoi la seconde formule contient deux termes *réels* au lieu d'un seul. En définitive, la première formule implique donc un centre réel peuplé de deux termes imaginaires, et la seconde implique deux termes réels reliés par un seul centre imaginaire, chose évidemment d'ordre métaphysique, psychologique et même (à le bien prendre) moral, comme l'indiquent assez les mots de sujet, d'objet et de moyen. Et d'ailleurs, il est très-aisé de voir, en partant de là, que, les formules $\dfrac{M}{V}$ et $\dfrac{Mg}{Vr}$ étant entre elles comme acte et puissance, ou Sens et Intellect, on ne saurait concevoir d'opposition plus nette ou mieux caractérisée que celle qu'elles expriment. Ces deux formules sont donc la meilleure définition possible des deux premiers règnes de la nature, ou des règnes minéral et végétal.

51. Il est assez naturel de conclure de ce qui précède, que nous trouverons, en nous adressant à la même source, la véritable notion du troisième règne, ou du règne animal ; mais nous pourrions aller trop loin en réclamant immédiatement ici, comme on l'a fait imprudemment, l'intervention discrétionnaire de la volonté. Nulle volonté proprement dite n'intervient, en effet, dans la production de quelque phénomène que ce soit du règne animal ; et ceux-là se sont grossièrement mépris qui, voyant les animaux se mouvoir pour aller prendre au loin, par exemple leur nourriture, se sont imaginé qu'ils voulaient ce qu'ils faisaient. Raisonner ainsi, c'est tout à fait intervertir ou confondre les deux ressorts de l'Intellect et de l'Esprit, et se placer en particulier dans le ressort de l'Esprit lorsqu'on devrait se renfermer encore exclusivement dans celui de l'Intellect. Évidemment, si les animaux voulaient ce qu'ils font, ils le sauraient aussi ; car il n'y a pas moyen de vouloir sans connaissance. Or, s'ils connaissaient et voulaient tout à la fois, ayant d'ailleurs

et déjà la faculté d'agir, qu'ils témoignent par leurs actes, ils seraient libres, et non-seulement libres, mais (conséquence nécessaire de leur liberté) perfectibles et capables d'élection, de progrès, de chute, de repentir, d'endurcissement, d'honneur, de moralité, etc. Or tout cela se voit bien chez l'homme, mais on n'en voit pas la moindre trace chez les animaux, qui vivent sans religion, sans société, sans parole, sans remords, sans délicatesse, etc. Les animaux manquent donc de volonté proprement dite, et quoique nous voyions en eux un certain reflet de l'ordre moral, nous n'avons pas lieu de nous en étonner après les marques d'entente et de finalité déjà pareillement reconnues dans les deux premiers règnes que le troisième vient compléter à tous égards.

L'Intellect, étant le principe absolu des deux premiers, doit être aussi, par la même raison, le principe absolu du troisième ; et la perfection du troisième n'est alors que le complément des deux précédents, où son activité trouve à se poser et à se développer, mais non à se parfaire. L'in-

tellect agissant au dehors a nécessairement sous
sa main ou devant lui, comme nous le savons
depuis longtemps (§ 5), les produits absolus du
Sens radical, et sa première manière de se manifester indirectement en eux est la vie minérale
de *semblable à semblable*. Comme en cela, toutefois, rien n'indique *à priori* lequel de deux
êtres quelconques associés doit fonctionner le
premier en qualité de sujet ou d'objet, l'Intellect
actif procède aussitôt arbitrairement à cette détermination ; et soit le sujet soit l'objet sont d'a-
bord, en conséquence, absolument imaginaires ou
relatifs ; c'est pourquoi la vie minérale n'a qu'une
cause réelle, et cette cause est transcendante en
elle-même ; les effets seuls en sont physiques ou
naturels. Au contraire, quand cette cause, transcendante en premier lieu, veut ensuite continuer
son évolution au dehors, sans faire abstraction
des déterminations qu'elle s'est déjà données dans
son premier exercice dont elle conserve les effets,
ces effets exercent sur elle-même une sorte de
réaction ou l'obligent du moins, tout autant

qu'elle persiste à vouloir continuer son premier exercice, à se servir pour cela de matériaux dissemblables (objet et sujet diffèrent évidemment) préalablement rendus semblables par une opération nouvelle les rendant aptes à cette fin. L'Intellect exerce donc cette fois deux fonctions, au lieu d'une seule; mais la matière qu'il emploie, quoiqu'elle motive ou conditionne alors la seconde, ne peut se glorifier de la produire ou d'en être l'auteur, et c'est bien l'Intellect qui, cette fois, se voyant simultanément figurer sous deux faces réelles, l'une disponible (l'objective) et l'autre disposée (la subjective), les fait fonctionner ensemble, l'une portant et réglant l'autre, à peu près comme on marche à l'aide de ses deux jambes, en proportion du mouvement et de la longueur de chacune. Dans son second exercice, l'Intellect est donc seul cause absolue réelle *imaginaire* comme cause *interne*, et c'est seulement relativement au dehors qu'il apparaît aller clopin-clopant dans ses effets physiques vraiment impersonnels et même inertes. Maintenant, cette

double position absolue, mais relative *ad extrà,*
de l'Intellect, qu'*une* autre position absolue, réelle
interne précè le ou conditionne à l'origine, exclut-
elle ou ne conditionne-t-elle pas plutôt elle-même
à sa suite, une nouvelle et *troisième* sorte
de position absolue (relativement triple) dont
la *singularité* dérivée réunisse dans son sein
les deux positions spéciales précédentes? Certes,
comme l'Intellect a la vertu de distinguer entre
acte et *puissance* et d'instituer ainsi l'idée d'*espèce*
dans le *genre,* il a de même incontestablement
la vertu de réunir ce qui diffère (comme *sujet*
et *objet*) en une seule et même position abstraite
ou formelle pure, dont le propre est de briser avec
tout devenir et toute opposition actuelle ou même
habituelle ; et par conséquent, dans l'état définitif
qu'il se donne par un dernier essor, sa fonction
absolue n'est plus d'être réellement *un* ni réellement *double* au dehors, mais bien *la transition,*
le passage ou l'activité courant de l'unité à la
dualité, ou de la dualité à l'unité. C'est aussi parce
qu'il réunit ici double fonction, qu'il est à la fois

en dernier lieu *puissance pure* et *tendance pure*.

32. L'important est, maintenant, de traduire ces considérations éminemment générales en une formule qui, comme celles du § 30, permette de saisir parfaitement l'essence du troisième règne, au moyen duquel il est possible à l'Intellect d'atteindre à sa forme absolue finale, aussi complexe au dehors que pure ou simple au dedans. Pour répondre à ce besoin et dresser la formule en question, nous reviendrons un moment sur les deux premiers règnes, dont nous exprimerons le caractère distinctif, essentiel à notre nouveau point de vue, en disant que les *végétaux*, parce qu'ils sont toujours polarisés (au moyen des quantités g et r), sont aussi toujours orientés, lorsque les *cristaux*, dont la direction absolue peut être quelconque, ne le sont jamais ou du moins sont comme s'ils ne l'étaient pas. En raison de cette orientation constante des végétaux, qui fait défaut aux cristaux, les végétaux, dont la facture est plus parfaite, l'emportent en *détermination* sur les

cristaux ; mais, en revanche, ils jouissent d'une *généralité* moindre , ou bien ils sont d'autant moins libres qu'ils sont plus polarisés ; et l'Intellect se présente ainsi , dans les deux premiers règnes, comme plus *libre* dans l'un et plus *déterminé* dans l'autre. Quand, alors, ayant atteint à la fois la fin de chacun de ces règnes, il vient à se comparer à lui-même posé tout entier des deux parts, il se voit d'un seul regard libre ici , lié là ; mais dans ce seul regard au moyen duquel il compare tout, il est libre et lié du même coup ; c'est-à-dire, il y est polarisé, mais d'une polarisation mobile ; il y est de même libre, mais la fin qu'il n'a plus par-devant, il la consulte ou s'en inspire réellement par derrière. En d'autres termes, où est la détermination de fait , il la nie par liberté ; où est au contraire la liberté, il pose immédiatement (et sans se démentir pour cela) le fait réel de détermination qu'elle comporte. La même chose arrive donc alors pour lui que si, là où est le numérateur Mg, nous posions de fait le facteur Vr, ou bien encore si, à côté du dénominateur Vr, nous placions le facteur inverse Mg ; ce qui nous donnerait le rapport très-composé $\frac{Mg.\ Vr}{Vr.\ Mg}$. Mais les choses étant ainsi, voyons ce qui s'ensuit. D'abord, il est évident que les simples facteurs réels g et r s'en vont au numérateur et au dénominateur, ou bien deviennent exclusivement imaginaires et virtuels ; et la fraction précédente se réduit à la forme simplifiée $\frac{M.\ V}{V.\ M}$. Puis, des deux facteurs compris dans chaque terme de la fraction, il est encore évident que les deux, M, V, ne peuvent être absolus à la fois, et qu'au numérateur en particulier V doit être censé relatif, si l'on veut qu'il soit absolu au dénominateur ; M devant être par la même raison absolu dans le terme supérieur, si l'on veut qu'il soit relatif dans l'inférieur. Or les facteurs V, M, pris dans un sens simplement relatif, équivalent à de simples nombres abstraits ; si bien qu'on peut poser alors : $V = M$ ou $M = V$, moyennant une convenable détermination préalable de ces nombres qu'on sait être toujours ici corrélatifs. Rem_ plaçant alors dans le terme supérieur V par **M**, et dans le terme inférieur **M** par **V**, nous obtenons donc cette autre formule normale et définitive $\dfrac{M}{V^2}$.

(En plaçant le double signe au-devant de chaque terme de cette formule, on marquerait qu'elle est applicable en tout sens.)

53. Ayant maintenant établi la formule fondamentale du règne animal, nous pourrions être tenté de vouloir en découvrir immédiatement le sens pratique ou moral, ou, ce qui revient au même, de la vérifier par le fait en cherchant dans les relations sociales d'être à être, seul théâtre de séparation et de fusion simultanées ouvert à notre esprit (§ 29), les preuves ou manifestations de sa valeur réelle. Mais, avant d'entreprendre cette vérification rationnelle fort simple en elle-même, il est bien plus urgent d'en exposer les applications ou de dire les conséquences qu'elle entraîne dans le domaine général de la nature, dont le troisième règne apparaît aussi différent des deux précédents par la complication de ses

produits que par le degré de ses puissances. Ainsi, nous nous occuperons ici, d'abord, tout spécialement des développements ou des applications de la formule ; et c'est seulement quand nous nous serons rendu, pour ainsi dire, maître du sujet, que nous nous permettrons de rentrer dans les questions métaphysiques ou générales.

La formule $\frac{M^2}{V^2}$ est la complète réprésentation actuelle du règne animal, parce qu'elle est celle de toutes les individualités de ce règne, prises une à une. D'après ce que nous avons déjà dit, cette formule se déduit de la précédente $\frac{Mg}{Vr}$, comme on arrive à cette dernière au moyen de la première $\frac{M}{V}$. Les deux formules $\frac{M}{V}$ et $\frac{Mg}{Vr}$ servent donc, de plus ou moins près, à construire la troisième $\frac{M^2}{V^2}$, et de là il résulte que les deux règnes minéral et végétal sont, en général et non moins indispensablement l'un que l'autre, la présupposition obligée de l'avénément du règne animal. Malgré cela, puisque le règne végétal sert d'intermédiaire entre le minéral et l'animal, il est incontestable que ce dernier se tire plus immédiatement du végétal ; et dès-lors nous pouvons cesser de tenir compte ici du minéral, qui ne concourt que de loin à son apparition, pour concentrer toute notre attention sur le phénomène de l'immédiate transformation du règne végétal en l'animal.

34. Le règne végétal, qui forme l'immédiate base ou préparation de l'animal, implique, comme nous l'avons déjà reconnu (§§ 26, etc.), deux forces radicales inverses qu'on peut et doit se figurer tantôt superposées, tantôt distinctes, et, dans ce dernier cas, toute individualité de ce règne apparaît formée de deux cônes réunis sommet à sommet au collet, et droits ou verticaux, que parcourt intérieurement en spirale, à partir du collet, mais bien plus sensiblement vers le haut que vers le bas, un mouvement circulaire centrifuge possédant sa plus grande puissance à l'origine, et s'affaiblissant ensuite par degrés jus—

qu'aux extrémités, mais que relève ou signale surtout à côté de l'essentielle opposition qui les caractérise et les fait s'allonger et diverger continuellement en sens inverse, leur commune tendance à concourir chacun au bien de l'autre, suivant leur nature ou qualité particulière ; car, comme on sait, la force végétative, dont le propre est de favoriser la cristallisante en rendant les êtres de différents semblables, a surtout son siége ou son laboratoire au bout des ramifications de la racine ou de la tige incessamment croissantes ; mais parce que les deux forces radicales inverses représentées par la racine et la tige sont entre elles comme attraction et répulsion, la racine a le premier pas dans l'unité de vie végétative, et c'est elle qui fournit à la tige le *suc alimentaire*, que la tige, en s'en emparant aussitôt, convertit par elle-même ou par ses parties intégrantes (les feuilles) en *suc nourricier*. On donne, suivant le règne, un nom particulier à ces deux produits spéciaux de la racine et de la tige, et l'on appelle dans les végétaux ou les animaux, respectivement, le suc alimentaire *sève ascendante* ou *sang veineux*, le suc nourricier *sève descendante* ou *sang artériel*. Le suc alimentaire a donc son origine à l'extrémité de la racine, et, remontant de là jusqu'à l'autre extrémité du végétal ou de la tige, il s'y convertit en suc nourricier, pour redescendre sous cette nouvelle forme vers le bas. En conséquence, le suc alimentaire et le suc nourricier se meuvent, dans tout végétal vivant, en deux sens verticaux opposés, l'un ascendant, l'autre descendant ; et comme on peut supposer le végétal tout à fait droit, la continuation des deux lignes ascendante ou descendante ainsi formées, que rien n'empêche de poursuivre en esprit en dehors du végétal où la racine et la tige trouvent leurs matériaux, implique une circonférence d'un rayon presque infini, se projetant dans l'espace environnant, et dont fait partie la longueur verticale entière du végétal en question.

La racine a, dans la manière de voir que nous venons d'exposer, deux extrémités : l'une *positive* à son bout inférieur, l'autre *négative* au sommet de la tige ; et la tige en a pareillement deux : l'une *positive* à son bout supérieur, l'autre *négative* au bas de la racine. Aux deux extrémités haute et basse du végétal qui en sont les pôles, il y a donc deux fonctions inverses pratiquées à la fois ; et l'on peut dire en toute vérité, soit de la racine, soit de la tige, qu'elles sécrètent et qu'elles excrètent en même temps ou tour à tour. On a trouvé, par exemple, à cet égard, que la racine sécrète du suc alimentaire et excrète des sels, et que pareillement la tige sécrète de l'oxigène et excrète de l'acide carbonique, ou *vice versâ*, selon l'heure du jour. Supposé, comme nous l'admettons, que ces opérations s'exercent par le procédé du mouvement hyperbolique, nous ne saurions nier toutefois qu'elles n'arrivent comme instantanément pour nous ou pour nos sens ; et par suite, en tant qu'elles se succèdent, elles nous offrent une série d'instants, c'est-à-dire de mouvements hyperboliques sans cesse renaissants ou continuels et pareils à des coups de soufflet ; car c'est le propre de pareils coups d'offrir réunis en un seul et même acte formel deux actes immédiatement successifs et réels d'attraction et de répulsion, ou de concentration et d'expansion. Mais, d'après ce qui a été dit au § 52, et qui doit former ici la transition du végétal à l'animal, les deux coups de soufflet ne doivent plus être censés subsister dispersés, l'un à un pôle, et l'autre à l'autre ; ils doivent désormais, au contraire, être censés réunis dans le règne animal au même lieu, de manière à figurer un ensemble de deux cônes ayant chacun son sommet où est la base de l'autre ; et, par leur réunion, ils forment ainsi ce qu'on appelle un *cœur*, c'est-à-dire, un organe de concentration et d'expansion réunies [1].

Qu'un pareil organe ne soit pas apparent chez

----

[1] Cette question du *cœur* est un sujet trop vaste et trop intéressant pour ne pas mériter de devenir l'objet d'une dissertation spéciale. Nous en parlons alors seulement ici, comme de beaucoup d'autres choses, d'une manière générale, pour ne rien omettre de ce que comporte un tableau de tous les grands faits qui sont l'objet de la philosophie naturelle.

tous les animaux, nous ne le nierons pas ; mais on ne saurait rien conclure de là contre son existence ; il s'ensuit plutôt que, chez les êtres animés où cet organe n'est pas distinct, il est universel ou du moins très-multiplié, et comporte ainsi des centres d'action en nombre presque indéfini. L'essentiel est ici, non de constater l'existence de cet organe sous sa forme usitée dans les embranchements plus élevés du règne animal, mais d'en constater ou reconnaître l'action. Or, il n'y a pas d'être animé qui n'exerce, en son sein et comme replié sur lui-même, les mêmes deux fonctions que le végétal exécute séparément à ses deux pôles. L'animal se distingue donc essentiellement du végétal par la concentration ou la superposition des fonctions disjointes chez ce dernier être.

Naguère nous apprenions à regarder l'*axe vertical* double de toute individualité végétale, comme faisant partie d'une circonférence immense que l'activité végétale était alors obligée de parcourir en entier, pour pouvoir rentrer ultérieurement dans le végétal par le bout opposé à la sortie. Mais, alors, c'est très-accidentellement que l'activité, sortant du végétal, en retrouve l'entrée pour en perpétuer l'existence ; car la continuité des actes extérieurs nécessaires à cette fin peut rencontrer mille occasions de se rompre. La meilleure garantie de la durée des existences végétales en est, sous ce rapport, la bassesse ou la banalité seule, car le médiocre ou le commun sont à peu près de partout. Au contraire, y a-t-il des êtres d'une nature plus parfaite ou plus raffinée, dont la conservation ou le développement demandent l'incessante présence de matériaux distingués, et par là même plus rares et plus difficiles à trouver, ces êtres-ci, n'ayant plus par hypothèse la chance de trouver partout ce qu'il leur faut, doivent par là même être, par organisation, une sorte de réservoir permanent des matériaux indispensables à leur entretien ; et supposé qu'il en soit ainsi, la condition de circulation, que nous disions naguère comporter un immense circuit pour les végétaux, devient finie, très-petite même pour eux , au moment où les bouts de l'*axe végétal* se touchent dans leur propre sein. Tout se trouvant alors réuni par artifice dans une seule et même individualité vivante, sa vie, quoique circulaire en principe , se change de fait en un simple mouvement *oscillatoire apparent*, aisément transformable en croix pour la pensée qui se représente nettement le jeu simultané des deux forces radicales attractive et répulsive habituées à s'exercer normalement l'une à l'autre ; et le mouvement le plus apparent du genre animal est ainsi, non le mouvement hyperbolique ni le mouvement circulaire, mais l'oscillatoire *tel que nous l'avons déjà décrit plus haut.*

55. Dans ce qui précède , nous nous sommes contenté de voir poindre l'origine de l'animalité dans le fonctionnement du cœur encore réputé *simple* , et par conséquent présupposé trouver au même lieu les matériaux nécessaires à ses deux pôles. Mais, comme ces deux pôles sont très-distincts , il est possible que ces matériaux le soient

aussi. L'individualité animale que nous supposions naguère *une*, doit donc pouvoir, sans perte d'unité, comprendre en elle-même *deux* réservoirs au lieu d'un seul, ou bien se décomposer en deux organisations spéciales *harmoniques*, c'est-à-dire ayant leur jeu collectif *un* aussi bien que leur jeu particulier *double* ou distinct. Cette distinction de jeux dépend cependant de certaines conditions, et c'est là-dessus que doit désormais porter principalement notre attention.

Une même cause peut produire des effets opposés, quand elle est absolue; car, passant en relation ou devenant relative, elle est susceptible d'effets opposés comme relatifs. Ainsi, l'Intellect distingue et unit, suivant les cas. Il distingue, quand, où il voit un *acte* réel, il y conçoit immédiatement aussi la *puissance*. Mais d'abord il représente absolument distincts, et par conséquent comme infiniment éloignés l'un de l'autre, l'*acte* et la *puissance* ; et pour lors son *intensité* réelle est infinie, car elle doit être telle, pour pouvoir réaliser l'acte opposé, l'union. Si, par hypothèse, l'acte et la puissance sont au contraire unis, nul effort n'étant plus nécessaire pour amener l'union, l'intensité doit être nulle, et l'Intellect passe au rang de simple et pur acte. Par là, nous nous trouvons maintenant sur la voie de comprendre le rapport qui peut exister entre le jeu distinct des battements oscillatoires très-sensiblement grossis du cœur, et le phénomène de l'alimentation en général. Plus il y a de *distance* actuelle entre un être et les matériaux propres à l'alimenter, plus il doit être doué d'*intensité* pour la franchir et se les procurer ; plus il abonde en ressources, au contraire, plus il peut être relativement faible. Mais, un être *intensif* emploie-t-il effectivement toute sa puissance intensive à franchir la distance qui le sépare de ses moyens d'existence : le but étant atteint, il a déchargé par là même sa force, et passe à l'état neutre. Se trouve-t-il, au contraire, replacé par lente déperdition successive d'activité réelle, dans son isolement primitif : on peut supposer qu'il a recouvré du même coup sa première intensité. Le besoin d'alimentation , de nutrition, est donc une vraie force d'origine ou de nature *intellectuelle* (comme le prouve du reste assez l'idée de *distance*) ; et le *battement sensible* oscillatoire est , comme moyen d'y satisfaire, un *pouvoir d'intensité* proportionnel aux difficultés ou nécessités de la situation.

Mais l'alimentation comprend , comme nous le savons déjà (§ 34), deux moments ou deux phases irréductibles, suivant qu'elle a pour objet de puiser, en bas ou par l'extrémité de la racine, le suc alimentaire , et en haut ou par l'extrémité de la tige, le suc nourricier. Nous donnerons ici , pour mieux fixer les idées là-dessus , au premier mode d'alimentation, le nom d'alimentation *terrestre*, et au second , celui d'alimentation *aérienne*. En outre, d'après ce que nous avons dit ailleurs (§ 27), la force radicale plus spécialement active au pôle inférieur (de la part du sujet) est la *répulsion*, et celle plus spécialement active au pôle supérieur est l'*attraction*. Quand , au principe de l'organisation animale , il arrive aux deux systèmes alimentaires de se superposer pour constituer une animalité distincte, il est possible que, les deux sources opposées d'alimentation venant à se confondre, les deux organes opposés d'excrétion se confondent aussi ; la confusion des points d'introduction ou d'élimination peut donc être telle, au début, que la même ouverture serve d'organe aux deux fonctions à la fois. Mais, finalement et physiquement, l'opposition est beaucoup plus grande entre les deux fonctions matérielles de *sécrétion* et d'*excrétion* qu'entre les deux activités *attractive* et *répulsive*, qui sont respectivement d'ordre intellectuel. Il est donc inévitable qu'une nouvelle polarisation s'introduise bientôt dans l'organisation animale, et que, confinant vers le bas toutes les plus basses fonctions, elle réunisse vers le haut les plus hautes, réservant d'ailleurs, dans les régions intérieures, aux forces intellectuelles attractive et répulsive une place distincte où chacune puisse s'exercer avec l'aisance et la liberté désirables.

Nous venons de faire, dans ce que nous venons

de dire, un grand pas en ce que, réduisant à l'état d'*invisibilité* les deux forces radicales de répulsion et d'attraction, nous leur avons substitué pour l'apparence ou le dehors les simples et purs actes physiques de sécrétion et d'excrétion. Par là, nous avons, jusqu'à un certain point, perdu de vue l'estomac, principe de l'alimentation *terrestre*, et le poumon, principe de l'alimentation *aérienne*, pour avoir l'air de concentrer désormais notre attention sur les deux extrémités du tube digestif, dont les organes principaux sont la bouche et l'anus. Mais, tout en changeant ainsi la question en apparence, nous n'avons fait que distinguer, classer et coordonner des fonctions successives constituées entre elles comme *attraction* et *répulsion, concentration* et *expansion, sécrétion* et *excrétion*. Car les deux forces *attractive* et *répulsive*, réduites à ne plus s'exercer toutes les deux qu'au dedans, s'exercent là toutes les deux comme telles dans les deux actes inverses d'assimilation ou d'élimination qu'elles pratiquent à peu près également en tout temps. Les *deux fonc-*

tions qui s'exercent par les extrémités opposées du tube digestif ne s'accomplissent, au contraire, que de temps en temps. Ces dernières sont donc comme postérieures aux précédentes ; elles sont encore, à leur égard, comme accidentelles et dé- rivées ; et par conséquent, le propre de l'attraction et de la répulsion étant d'être l'une pour l'autre comme principe et fin, et les deux principales fonctions *internes*, et les deux principales fonctions *externes* s'offrant à nous dans le même ordre, celles-ci méritent de passer pour une simple reproduction ou représentation de celles-là. Mais la transition des unes aux autres se fait toujours au moyen des forces ou des actes intermédiaires de *concentration* et d'*expansion* organiques.

Au sujet des deux ordres successifs de fonctions dérivant l'un de l'autre, il n'est pas seulement permis de présumer qu'ils s'accomplissent de la même manière, le dernier accusant, comme le premier, une accumulation de puissance *intensive* capable de se décharger et de se reconstituer alternativement; il faut admettre encore que, comme au passa-

ge de l'attraction et de la répulsion *radicales* (éter-
nelles) aux fonctions attractive et répulsive (contingentes) *internes*, il se produit un subit et notable
déchet de force (où l'infini fait place au fini), de
même au passage des fonctions attractive et répulsive *internes*, aux fonctions attractive et répulsive
externes, il doit se produire un semblable (sinon égal) déchet de force tel qu'on peut se le figurer, par exemple, en comparant la décharge
électrique du *cœur* dans un de ses mouvements
de contraction ou de dilatation, avec la décharge
électrique que présuppose tout acte analogue accompli par l'une des extrémités *buccale* ou *fondamentale*. La fonction *génératrice* étant, de sa
nature, une fonction excrémentielle, nous voyons
par là qu'elle se subordonne, comme toutes les
autres de son espèce, aux fonctions de nutrition
ou d'assimilation en général ; c'est pourquoi ce
n'est en vérité qu'accidentellement que les êtres
sont appelés à être producteurs au dehors. Leur
première et principale fonction n'est point de se
reproduire ou de produire, mais seulement de se

constituer et d'exister. A plus forte raison, les fonctions de *relation*, qui n'ont pas pour objet la production mais le simple usage, sont-elles alors gratuites ou superflues, et lors même qu'elles ne nuisent point à la conservation des individus, on les peut alors simplement déclarer *à priori* facultatives et licites.

56. La subordination que nous venons d'indiquer entre les fonctions divisées en *principales* (ou de conservation), *moyennes* (ou de production) et *finales* (ou de récréation), est cependant une subordination d'ordre purement spirituel ou moral, et nous ne saurions dire qu'elle soit obligatoire pour l'Intellect, libre de tout engagement antérieur, qui se contente de formuler au dehors les produits de son imagination intérieure infiniment riche ou féconde. Il peut donc parfaitement mettre toujours en avant, sur son propre terrain, la forme qu'il juge mieux lui convenir, ou plutôt n'en exclure aucune; et si nous le considérons en exercice accidentel, il réalisera pour lors des

existences où le besoin de conservation dominera pleinement le besoin de récréation, et des existences où le besoin de récréation effacera celui de conservation ; il en réalisera pareillement d'intermédiaires chez lesquelles l'être actif apparaîtra doué des deux penchants à la fois, mais pourtant, tantôt plus enclin à se répandre qu'à se recueillir, tantôt plus ardent à se recueillir qu'à se répandre. Quels organismes répondent maintenant à ces diverses besoins ? l'expérience se charge de nous l'apprendre. Quand, par hypothèse, un être est dominé par l'instinct exclusif de la dissipation ou de la jouissance, il doit manquer de pouvoir condensateur apparent, ou de cœur : ainsi sont les animaux *articulés* et *rayonnés*. Un être est-il, au contraire, dominé par le besoin extraordinairement prépondérant de conservation propre, il doit avoir un cœur parfait ou double, comme la plupart des animaux *vertébrés*. Un être réel, enfin, flotte-t-il pour ainsi dire entre les deux extrêmes précédents, mais comme son état particulier de fluctuation le comporte, se meut-il d'un mouve-

.ment léger, plutôt du besoin de conservation à celui de récréation, que de celui de récréation à celui de conservation, ou *vice versâ :* dans ce cas, le cœur en doit être simple et, de plus (pour employer le langage reçu), artériel ou pulmonaire. Le cœur en est pulmonaire, quand c'est le besoin de diffusion qui l'emporte, comme chez les poissons ; il en est artériel, quand inversement le besoin de recueillement prend le dessus, comme chez les mollusques.

37. Si nous voulions continuer d'avancer dans l'étude de l'organisation animale, nous aurions ici deux routes à suivre : l'une *logique*, et nous menant, à travers les choses contingentes, dans les grandes divisions, à membres presque indéfinis en nombre, de la nature organique ; l'autre *expérimentale*, et nous offrant à considérer, dans les choses de la vie de relation, tous les organes spéciaux qu'on a coutume d'y rapporter, comme les muscles, les os, les membres de préhension ou de sensation, etc. Mais d'abord, nous ne pour-.

rions entrer dans la première voie sans entamer des discussions toutes nouvelles, et faire un vrai traité complet de logique, chose dont nous n'avons actuellement nulle envie. Puis, essayer d'indiquer comment se développent ou s'enchaînent de fait les différents organes de la vie de relation tels que les muscles, les os, les nerfs de sentiment ou de mouvement, etc., c'est une entreprise au-dessus de nos forces présentes. Nous renonçons donc volontiers à nous porter immédiatement en avant, et, content d'avoir conduit notre *Traité de philosophie naturelle organique* jusqu'à l'origine des vérités d'*expérience pure* et de *détail*, nous rentrerons sans délai dans les questions générales, qui nous conviennent mieux et qui d'ailleurs auront le mérite de ne pas clore sans fruit notre travail. Nous nous occuperons, à cette fin, de définir ici, d'abord la nature générale des forces animales particulières, puis leur caractère ou loi mathématique.

38. Nous avons démontré, au § 8, que toutes

les forces particulières du règne minéral, nommées *affinité*, *cohésion* et *adhésion*, sont *attractives*; et au § 18, que toutes les forces particulières du règne végétal, nommées *antagonisme*, *écartement* et *annulation*, sont *répulsives*. Par la même raison et suivant l'ordre des idées, nous devons démontrer ici que toutes les forces particulières à déterminer du règne animal sont *impulsives*.

D'abord, la chose est à peu près évidente, si déjà l'on admet l'existence d'un règne animal, ou l'élévation de ce règne, comme règne, au niveau des deux précédents et sa généralité dans l'ordre de la nature. Car, par hypothèse, toutes les forces du règne minéral sont *attractives*, et toutes celles du règne végétal sont *répulsives*. Par la raison ici toute-puissante des analogies, il faut donc dire que, dans le règne animal, la nature commune des forces qui en font partie est d'être *impulsives*.

Mais, de plus, cela se prouve par le fait, en observant comment les phénomènes vont en se développant d'un règne à l'autre. Les minéraux croissent, dit-on ; mais comment croissent-ils ? Nul ne le sait ; car on ne voit point la cause de leurs accroissements, qui reste transcendante. Cependant, cette cause de leurs accroissements, qui d'abord est invisible, apparaît ensuite, quand survient le règne végétal et que leurs individualités se polarisent. Car alors on comprend , en voyant le végétal s'étendre à la fois vers le bas et vers le haut par la racine ou la tige, que, dans le cristal même, deux êtres peúvent être et sont effectivement, l'un pour l'autre, comme centre et foyer d'action en sens contraire ; puisque, dans le végétal, où le centre et le foyer deviennent apparents, on voit le même être tendre, d'une part vers le centre de la terre, et d'autre part se porter simultanément vers le haut par réaction contre son premier mouvement. Mais, jusque-là, nous ne connaissons que deux forces antagonistes, et non pas trois ; et voilà pourquoi l'*impulsive* doit venir se joindre aux deux forces *attractive* et *répulsive* combinées. Le règne animal, complétant les deux autres, montre à nu cette troisième force

en compagnie des deux autres, parce que les courants propres à les révéler, et qu'à cause de leur
extrême lenteur dans le règne végétal on n'y discerne pas suffisamment, deviennent chez lui-
même, par leur extraordinaire intensité, très-
sensibles. Ainsi, le suc alimentaire et le suc
nourricier serpentent invisiblement dans l'être
végétal; mais, dans l'animal, le sang veineux et
le sang artériel voyagent avec une incroyable
vitesse, les deux n'employant pas peut-être
deux minutes à parcourir tout l'organisme. Dans
l'homme et dans les animaux à sang rouge, le
sang veineux figure, avons-nous dit (surtout
après qu'il a reçu le chyle), le suc alimentaire, et
le sang artériel figure le suc nourricier. Nous savons, d'ailleurs, que le suc alimentaire monte
dans le végétal de la racine à la tige, et que le
suc nourricier descend de la tige à la racine. Il
y a donc deux courants inverses, l'un ascendant
et l'autre descendant, ou mieux encore l'un pro-
gressif et l'autre régressif. Mais deux mouvements
pareils supposent deux vitesses, deux principes

de déplacement, deux impulsions. Il y a donc une impulsion à monter, une impulsion à descendre ; et voilà deux forces *impulsives* trouvées. Quel être peut maintenant tendre à monter, s'il n'est placé bas? Et quel être peut inversement tendre à descendre, s'il ne se sent haut ? Au lieu de un ou de deux êtres qui se sentent bas ou haut, en admettons-nous alors un autre qui ne se sent ni haut ni bas, mais entre deux, ou bien seulement un peu plus haut que bas, ou *vice versâ* : cet être à peine excité doit alors ne se sentir qu'une velléité fugitive à rétablir immédiatement l'équilibre en se portant, soit d'un côté, soit de l'autre ; et la force *impulsive*, qui n'est plus exclusivement en lui attractive ni répulsive, est clairement une force *impulsive* pure ou absolue.

Ainsi, le règne animal comprend trois forces particulières distinctes, comme les deux règnes précédents ; et ces trois forces du règne animal, dont l'impulsion est le genre commun, sont l'impulsion par attraction, l'impulsion par répulsion, et l'impulsion pure et simple, c'est-à-dire, l'*accélération*, le *retardement*, la *vitesse*.

59. Traitant maintenant la seconde question que nous nous sommes posée (§ 57), nous allons établir la formule $\frac{M^2}{V^2}$, telle que nous la comprenons. Nous reprendrons, pour cela, la considération des deux précédentes (§§ 14 et 28), $\frac{M}{V}$, $\frac{Mg}{Vr}$.

La première des deux dernières formules, ou la formule $\frac{M}{V}$, suppose qu'il n'y a point de multiplication apparente de facteurs dans le règne minéral, et qu'ainsi, là, les deux forces d'attraction et de répulsion ne se redoublent point ou ne prennent point, chacune, une forme plane, parallélogrammique ou carrée, comme on admet que cela se fait entre les astres, qu'on dit s'attirer en raison composée directe du produit des masses et inverse du carré des distances; il n'y a pas même encore entre elles d'autre sorte de donnée radicale que l'unité simple, soit en attraction, soit en répulsion, comme on peut le voir en remarquant que, au lieu de $\frac{M}{V}$, l'on peut écrire $\frac{M.1}{V.1}$.

Mais le premier point est surtout essentiel à no-
ter, et l'on peut s'en rendre raison sans peine.
En effet, quand l'attraction et la répulsion pro-
cèdent à leur premier exercice en adoptant un
coefficient quelconque, ces deux forces ne con-
naissent point par hypothèse d'exercice antérieur,
et sont dès-lors entre elles à peu près comme
deux hommes inconnus l'un à l'autre, qui viennent à se rencontrer quelque part et, par le défaut de tous précédents, n'ont pas plus de raison
de se haïr que de s'aimer. Si, pour lors, l'un de
ces hommes ou chacun d'eux aime l'autre et le
salue cordialément, c'est qu'il est ou qu'ils sont
tous les deux prédisposés à cela du dedans; et
l'amitié qu'ils se témoignent n'est ainsi qu'un
acte indépendant d'amour prévenant, tout subjec-
tif en principe et gratuit. Cet amour, qui ne se
complique de rien, est donc seulement comme
M, en cas d'attraction, tout comme il serait V
pur s'il se changeait en répulsion, et le tout des
deux est bien par conséquent comme $\frac{M}{V}$.

Au contraire, admettons maintenant qu'un être trouve de la correspondance, de la reconnaissance et pour cela même du plaisir dans l'être objectif qu'il envisage, ou mieux dans la relation qui, de fait, règne spontanément entre son objet et lui-même. Alors, tout naturellement, son premier mouvement se fixe et prend un certain caractère d'immanence et d'actualité tout à la fois, qui vaut comme g pour M, et comme r pour V. Nous avons donc alors deux termes ou deux forces complexes, comme Mg et Vr, et le tout des deux nous donne le rapport absolu $\dfrac{Mg}{Vr}$.

Mais enfin, il est impossible que les choses en restent là ; car l'Intellect compose toujours autant qu'il peut, et si la formule $\dfrac{Mg}{Vr}$ représente — du numérateur au dénominateur — le temps qui divise ou disperse, elle doit, passant du temps qui disperse à l'espace qui réunit, représenter des ensembles partiels obtenus par convenable combinaison des mêmes termes et pareils aux produits Mg × Vr, Vr × Mg. Une nouvelle application de l'Intellect diviseur ramène aussitôt la forme fondamentale $\frac{Mg.\,Vr.}{Vr.\,Mg.}$; celle-ci se convertit immédiatement après, au moyen de considérations ou présuppositions faciles à saisir (§ 52), en ces autres $\frac{M.V}{V.M}$, $\frac{M\,m}{V.V}$, $\frac{M^2}{V^2}$; et finalement le sens de ces dernières formules, évidemment applicable aux cas où l'on dit que les astres s'attirent en raison composée directe du produit des masses et inverse du carré des distances, prouve que les deux mondes *stellaire* et *animal* ne sont, en principe, qu'un seul et même monde sous deux formes opposées.

40. Les deux formules $\frac{M\,m}{V^2}$, $\frac{M^2}{V^2}$, diffèrent en ce que la seconde exige une complète identité de facteurs que n'exige pas la première. Il est inouï que, soit dans les cieux, soit dans la nature physique, on trouve deux astres ou deux animaux tout à fait semblables ou bien tels qu'on ait d'une et d'autre part $\frac{M}{V}$; et supposé par ha-

sard qu'il en fût ainsi, cette entière conformité
de nature et de constitution ne serait réellement
qu'un accident, un fait sans loi, dans l'ordre naturel. Mais cette entière conformité de nature et
de constitution qui, dans l'ordre naturel, ne se
présente jamais, ou qui, quand elle existerait,
ne tirerait point à conséquence, peut devenir
immanente et fondamentale ou même nécessaire,
soit de droit, soit de fait, dans un autre ordre
de choses supérieur au précédent, et qui est
l'ordre divin, surnaturel ou moral. Ici, n'importe que par hypothèse deux êtres quelconques
ne soient extérieurement l'un pour l'autre que
comme $\frac{M}{V}$, $\frac{m}{V}$: si, capables de moralité, les
mêmes êtres s'inspirent préalablement tous les
deux à la même source de bienveillance divine
d'où descend toute grâce et tout don parfait, l'apparente inégalité d'état naturel qui les distingue
se voile ou s'efface devant l'égalité de fond qui
les unit; et par conséquent, intérieurement, les
choses se passent toujours comme si l'on avait de

chaque côté les mêmes facteurs ou bien $\frac{M}{V}$, $\frac{M}{V}$;

c'est pourquoi le produit total est $\frac{M^2}{V^2}$.

Toute distinction cessant dès ce moment dans les opérations, nous sommes évidemment arrivé à la limite du règne *animal*, ou mieux nous en sommes sorti ; et le nouveau monde que nous avons découvert, est le monde *moral* éternel ou le *règne humain* par excellence, qui va lui-même se confondre avec le divin. Nous conclurons de là que la morale est la suprême force vivifiante et conservatrice. La loi qui préside à ce nouvel ordre de choses est celle d'une réciprocité parfaite entre les êtres. Partout où, soit dans la *première mise*, soit dans le *retour*, une inégalité quelconque commence à se manifester, la pensée voit aussitôt succéder à l'ordre purement moral, ou divin et surnaturel, l'ordre naturel et contingent ; et supposé qu'elle veuille suivre dans ses développements cet ordre naturel qui surgit accidentellement dans le divin, elle le voit désormais se composer de plus en plus en donnant lieu, par l'infinie variabilité des trois formules radicales $\frac{M}{V}$, $\frac{Mg}{Vr}$, $\frac{Mm}{V^2}$, aux innombrables individualités des trois règnes *minéral*, *végétal* et *animal*, dont nous avons esquissé dans cet écrit les caractères communs et les lois propres.

TABLE DES MATIÈRES

9 782013 756686